Von Jeanne Bourin

Florie – Die Tochter des Goldschmieds
Das Spiel der Versuchung

INHALTSVERZEICHNIS

Was die Reichhaltigkeit der Speisen und die Zahl der Dienerschaft betrifft, so konnte sich das gehobene
Bürgertum durchaus mit dem Adel messen.
Auf der Abbildung sind die großen Brotscheiben zu erkennen, die die Teller ersetzten, sowie die Messer,
die als einziges Besteck dienten. Salzfässer und Gewürzstreuer schmückten die Tafel

Vorwort

»Das Haus der Brunels war für seine gute Küche und für seine Gastlichkeit bekannt ...«, heißt es in meinem Roman ›La Chambre des dames‹ (deutsch ›Florie, die Tochter des Goldschmieds‹). Darin habe ich das Schicksal dieser mittelalterlichen Familie geschildert, habe den Leser an den großen und kleinen Ereignissen ihres Lebens, ihren Freuden und Ängsten, ihren Festen und nicht zuletzt an ihren Mahlzeiten teilnehmen lassen. Schließlich ist der Eßtisch, an dem man sich regelmäßig trifft, von jeher Mittelpunkt des familiären Lebens gewesen, und die Eßgewohnheiten einer Gesellschaft sind Ausdruck ihrer Kultur. In zahllosen Briefen, die ich nach Erscheinen meines Romans erhielt, baten mich Leser um nähere Informationen über alle möglichen Details aus dem täglichen Leben des Mittelalters. Ich war überrascht, wie viele Anfragen der Küche jener Zeit galten. Und so beschloß ich zusammen mit Jeannine Thomassin, dieses Kochbuch zu schreiben. Gemeinsam arbeiteten wir einen Plan aus. Ich stellte ihr die Quellen zur Verfügung, und sie machte sich mit bewundernswerter Geduld daran, ein Rezept nach dem anderen zu rekonstruieren und unseren heutigen kulinarischen Vorstellungen anzupassen. Das war keineswegs einfach, denn die mittelalterlichen Rezepte enthalten wenn überhaupt nur äußerst vage Mengenangaben; man überließ es Koch oder Köchin, die Zutaten nach eigenem Geschmack zu bemessen und zusammenzustellen.

Man kann sagen, daß die Eßgewohnheiten in den westeuropäischen Ländern auf einen gemeinsamen mittelalterlichen Ursprung zurückgehen. Es ist kein Zufall, daß sich bestimmte italienische, englische, französische und deutsche Rezepte gleichen. Jahrhunderte, bevor man an die Interessen des gemeinsamen Marktes denken konnte, gab es bereits eine ›europäische Gemeinschaft‹ der Küche, die in dergleichen Verwendung von Honig, Mandeln, Wild, Bohnen oder Kohl bestand.

Die mittelalterliche Küche Frankreichs ist ein Produkt dessen, was noch von der Kochkunst der Römer übrig war, und der fremden Einflüsse, die die verschiedenen Eroberer Europas hinterließen. Sie entwickelte eine Prägung eigener Art, deren Hauptmerkmale über die Jahrhunderte erhalten blieben.

Für die Zeit vor dem 13. Jahrhundert haben wir noch keine nennenswerten Quellen, doch von der Regierung Philipps des Schönen ab stehen uns die Bücher der großen Küchenmeister zur Verfügung. Die frühesten Werke, die wir kennen, sind noch auf Lateinisch verfaßt, doch bald bediente man sich der Volkssprache, des

Französischen. Auf den ›Tractatus de modo preparandi et condiendi omnia ciberia‹ folgten das ›Liber de coquina‹, das ›Livre fort excellent de cuisine‹, ferner der berühmte ›Viandier‹ von Taillevent sowie der amüsante ›Le Menagier de Paris‹, der nicht nur Koch-, sondern auch Lebenskunst vermitteln will.

Selbstverständlich hegten unsere mittelalterlichen Vorfahren in Frankreich große Bewunderung für die Küche des alten Rom, die jahrhundertelang als die einzige galt, die einer zivilisierten Gesellschaft würdig gewesen wäre und die durch mündliche Überlieferung von Generation zu Generation weitervermittelt wurde. Auch das berühmte Kochbuch des Apicius erreichte über kulinarisch interessierte wie um das antike Schriftgut bemühte Mönche die Küche des Mittelalters. Ungeachet der großen römischen Vorbilder, von denen sie sich durchaus inspirieren ließen, bewahrten sie ihre Eigenständigkeit und wandelten die Rezepte ihren Vorstellungen und Lebensbedingungen entsprechend ab.

Wenn man die mittelalterlichen Kochbücher studiert, so fällt zunächst auf, daß die Unterschiede zwischen der Ernährung des Volkes, des reichen Bürgertums und des Adels nicht so kraß waren wie etwa zu Zeiten Ludwigs XIV. oder Napoleons III. Auch in den berühmten literarischen Werken jener Zeit wird geschildert, wie sich die bäuerliche Bevölkerung an üppigen Fleischoder Fischpasteten oder gebratenem Geflügel gütlich tat, wie an den großen Räucherschinken, die zusammen mit den Würsten im Kamin hingen. Natürlich ging es keineswegs allen Bauern gut, und im 11 ., 12. und 14. Jahrhundert gab es verheerende Hungersnöte – dennoch hat man das Elend des einfachen Volkes im Mittelalter oft übertrieben dargestellt.

Die mittelalterliche Speisefolge war anders als die heutige: unbekümmert mischte man süße und salzige Gerichte, servierte Früchte als Vorspeise und den Fisch nach dem Braten. Erstaunlich ist die Vielfalt und vor allem die Menge der Speisen, die bei Festmahlen aufgetragen wurden. Was jedoch nicht heißen soll, daß die Gäste alles Dargebotene auch verzehrten: Sie suchten sich aus dem großen Angebot das heraus, was sie vorzogen, ähnlich, wie wir es heute im Restaurant tun. Auch kamen sie bei großen Banketts häufig nicht an die Speisen heran, die von ihrem Sitzplatz allzu weit entfernt waren, und mußten sich mit dem begnügen, was in ihrer Nähe stand.

Die Gewohnheit, allzu großzügig mit Gewürzen umzugehen, haben unsere mittelalterlichen Vorfahren zum Teil noch von den Römern übernommen – Gewürze waren willkommene Anregungsmittel in einer Zeit, in der man weder Tee noch Kaffee oder Tabak kannte. Aber auch die Spanier, die unter der arabischen Herrschaft Geschmack an exotischen Gewürzen gefunden hatten, beeinflußten die

Eßgewohnheiten ihrer französischen Nachbarn. Und schließlich brachten die Kreuzfahrer aus Byzanz und dem Heiligen Land fremdartige Gewürze mit; so gelangten viele neue Aromen wie Zimt, Estragon, Gewürznelken, Kümmel, Safran, Muskatnuß in die mitteleuropäischen Küchen und gesellten sich zu den traditionellen wie Ingwer, Mohn, Anis, Kardamon und Pfeffer. Weißer, grauer und schwarzer Pfeffer waren so kostbar, daß sie zuweilen als Zahlungsmittel dienten, sogar bei so wichtigen Geschäften wie dem Erwerb eines Grundstücks.

Zucker, der in fernen Ländern teuer eingekauft wurde und den es in den vielfältigsten Formen, Farben und Parfümierungen gab, wurde wegen seines hohen Preises mehr in der Heilkunde als in der Küche verwendet. Speisen und Gebäck süßte man mit Honig von wilden Bienen, der von kundigen ›Imkern‹ in den Wäldern gesammelt und in den Städten verkauft wurde.

Der Salzkonsum war hoch, auch schon vor dem 14. Jahrhundert, als der Handel vom Staat mit einem Monopol belegt und jeder Familienvater gezwungen wurde, alljährlich eine bestimmte Menge Salz zu kaufen.

Außer Salz und den verschiedenen Gewürzen verfeinerten auch Gemüse und duftende Kräuter aus Feld und Garten die Speisen: Zwiebeln, Schalotten, Thymian und wilder Thymian, Petersilie, Minze, Bohnenkraut, Lorbeer und natürlich reichlich Knoblauch. Es heißt, die Byzantiner seien entsetzt gewesen über die Knoblauchschwaden, die den fränkischen Herren entströmten.

Statt Weinessig, der auch damals mit duftenden Kräutern, Blüten und Gewürzen aromatisiert war, wurde häufig der sogenannte ›Verjus‹ (z. B. als Saucengrundlage) verwendet, der aus Sauerampfer, Zitronensaft oder aus sauren, unreifen Trauben hergestellt wurde.

Senf, der aus im Mörser zerstoßenen Samenkörnern der Senfpflanze und aus Traubenmost hergestellt wurde, verwendete man ebenfalls gerne zur Geschmacksverbesserung in einer Zeit, die das Scharfe und Würzige so liebte.

Und wenn man abends beieinander saß, aß man außer Waffeln, Crepes, Obsttorten, Krapfen und Plätzchen auch Gewürzkonfekt, ›epices de chambre‹ aus Süßholz, Koriander, Wacholder, Datteln, Anis, Mandeln, Hasel und Walnüssen, aber auch Rosinen sowie mit Honig kandierte Aprikosen, Orangen, Zitronen und Ingwer.

Fleisch spielte in der mittelalterlichen Küche eine sehr große Rolle. Kalb-, Rind- und Hammelfleisch waren allerdings weniger beliebt als Geflügel (man aß Pfauen, Fasane, Schwäne, Reiher, Singvögel und sogar Adler) und natürlich Wildbret. Bis zum 13.Jahrhundert war die Jagd das ganze Jahr über frei für jedermann. Das galt auch für die Fischerei. (Erst später ließen sich reiche Bürger und adlige Herren ganze Landstriche für ihr Jagdvergnügen reservieren.) In den riesigen Wäldern gab es so viele Hasen, Kaninchen, Rebhühner, Wildschweine, Hirsche und Rehe, daß man das Wild schon deshalb töten mußte, damit nicht alle Kohlköpfe, Weinstöcke und Kornfelder vernichtet wurden. Der Adel und der König veranstalteten Hetzjagden, während das Volk mit Schleudern, Netzen, Leimruten, verschiedenen anderen Fallen und kurzen Säbeln auf die Jagd ging. Große Tiere wurden in riesigen Löchern gefangen, die mit Ästen und Laub getarnt waren.

Übrigens waren die dunklen Verliese mit ihren dicken Mauern, die die Besucher mittelalterlicher Burgen noch heute erschauern lassen, oft nichts anderes als Vorratskammern. Im Winter wurden sie mit Eisblöcken ausgelegt, die mit Gras und Laubwerk bedeckt waren, und mit Hälften von geschlachteten Tieren, mit Fischen, Wild und anderen Vorräten gefüllt. Zu einer Zeit, da jedermann möglichst autark sein mußte, war ein großer Vorrat an Nahrungsmittel lebenswichtig. Möglicherweise wurden in die Kammern während der Kriege im 14. und 15. Jahrhundert auch Gefangene eingeschlossen, wenn die Gefängnisse überfüllt waren – doch das ändert nichts an der ursprünglichen Funktion der eisigen Speisekammern, die es sogar möglich machten, auch im Sommer die beliebten Sorbets zu genießen.

Fast zu jedem Haus gehörte ein Garten, in dem Knoblauch, Kräuter, Zwiebeln und Salat wuchsen. Wichtige Gemüse waren dicke Bohnen, Kohl, Karotten, Porree, Erbsen, weiße Rübchen und verschiedene andere Rübensorten sowie Mangold. Auch aß man die verschiedensten Salate und die jeweiligen Früchte der Saison, die im Garten wuchsen. Aprikosen, Pfirsiche, Orangen, Feigen, Datteln und andere Früchte aus orientalischen Ländern waren durch die Kreuzzüge nach Mitteleuropa gebracht worden und gediehen zum Teil sogar schon bei uns. Erdbeeren, Himbeeren und Brombeeren wurden damals noch nicht gezüchtet, sondern in den Wäldern gesammelt.

Wichtigstes Nahrungsmittel war natürlich das Brot. Es wurde nicht nur zu fast allen Speisen gegessen, sondern auch zum Binden von Saucen und ähnlichem in der Küche verwendet. Es gab unzählige Brotsorten in verschiedensten Formen. Hausgemachtes Brot, Bürgerbrot, Stiftsbrot aus feinstem Weizenmehl, das nur Domherren vorbehalten war, und spezielles Brot für Schildknappen und andere Bedienstete; aber auch das ›mißratene‹, also nicht aufgegangene oder schlecht durchgebackene Brot, das jeden Sonntag auf dem Vorplatz von Notre-Dame zu niedrigen Preisen verkauft wurde, fand seine Abnehmer. Sehr beliebt waren ›zwiefach‹ gebackenes Brot, also Zwieback, sowie geröstetes Brot, das statt Mehl zum Andicken von Speisen verwendet wurde, und nicht zuletzt das ›pain tranchoir‹, dessen dicke Scheiben auf der Tafel die Teller ersetzten. Manche Brotsorten erhielten durch Anis oder Majoran, mit denen die Kruste bestreut wurde, ein besonderes Aroma.

Oft diente der Schlafraum auch als Wohn- und Eßzimmer

Und die Getränke? Cidre kannte man noch nicht, doch Bier, das schon bei den alten Galliern hochgeschätzt war, erfreute sich großer Beliebtheit. Auch trank man viel heißen, mit Zimt, Ingwer und Pfeffer stark gewürzten Rotwein sowie Met, einen gegorenen Saft aus Honig mit Wasser oder Essig. Vor allem aber trank man Wein. Er wurde überall in Frankreich angebaut, auch im Norden, da die Klöster und Abteien ihren Meßwein brauchten. Auch innerhalb mancher Stadtmauern gab es Weinanbau sogar mitten in Paris. Außer den heimischen Weinen (man trank viel mehr roten als weißen), vor allem aus Burgund, waren auch Weine aus Griechenland, Italien, Zypern, Spanien und Palästina beliebt. Der ›Glühwein‹, der abends als Schlaftrunk diente, wurde großzügig mit Absinth, Anis, Myrte, Muskat, Rosmarin, Salbei und vielen anderen Aromen parfümiert. In vielen zeitgenössischen Berichten ist die Rede von purpurfarbenem und ›grauem‹ Wein (aus hellen und dunklen Trauben), vom Clairet, der wegen seiner Klarheit so genannt wurde, vom gelben Wein, der sehr stark und süßweinartig war, vom ›Strohwein‹, der etwas dickflüssig und likörartig war (die Trauben trockneten auf Strohmatten an der Sonne) und selbst von einem Rebhuhnaugenwein, dessen Name uns Rätsel aufgibt.

Der Wein wurde jung getrunken man kannte unsere heutigen Konservierungsmethoden nicht –, und sobald die neue Ernte kam, wurden die Reste des vorjährigen Weines in die Essigfässer gegossen.

Wenn uns auch manche mittelalterlichen Eß- und Trinkgewohnheiten heute recht fremd erscheinen, so dürfen wir nicht daraus schließen, daß die Rezepte aus jener Zeit schlecht nachzuarbeiten und die Resultate minderwertig sind. Im Gegenteil, Sie werden viele ganz vorzügliche Rezepte finden, die Sie leicht ausführen können. Auch haben wir versucht, sie von der Dosierung der Gewürze bis zu den Garzeiten soweit möglich unseren heutigen Bedürfnissen anzupassen.

Wie in meinen Romanen geht es auch in diesem Buch weniger um die höfische als um die bürgerliche Lebensweise im Mittelalter, also nicht etwa um die ausgefallenen Tafelfreuden adliger Herren, sondern um die Eßgewohnheiten des Bürgertums, der Kaufleute und Handwerker, die in den Städten und Dörfern lebten. Sie stehen uns näher als die Aristokraten jener Zeit, und auch ihre weniger aufwendige Küche entspricht uns eher.

Das Ausprobieren der teilweise leicht exotisch anmutenden Rezepte wird Ihnen vielleicht noch mehr Vergnügen bereiten, wenn Sie einiges über die Lebensumstände, die Gebräuche und Tischsitten der Bürger jener Zeit erfahren:

Es gab im Mittelalter Häuser, die von der Straße aus nicht zugänglich waren, da sich ihre Türen und Fenster nur nach der Gartenseite richteten, und solche mit Läden oder Werkstätten auf der Straßenseite. Allen Häusertypen gemeinsam aber

Tafelgeschirr aus Gold, Silber oder Zinn wurde als Zeichen des Reichtums zur Schau gestellt.

war der große Wohnraum, der sich über den gesamten ersten Stock erstreckte. Er war Treffpunkt der Familie, die nicht nur aus Eltern und Kindern bestand, sondern Großeltern, Vettern und Cousinen, Onkel und Tanten, Diener und Mägde umfaßte. Die waren mit Wandteppichen oder in bescheideneren Haushalten mit vorhangartigen Stoffen geschmückt. Im Winter war der Fußboden gegen die Kälte mit Heu bedeckt, im Sommer zur Kühlung mit frischem, duftendem Gras oder Laub. Ein großer, mit gewaltigen Simsen versehener Kamin beherrschte den Raum und diente nicht nur zum Heizen, sondern auch zum Kochen: vor dem 13. Jahrhundert kannte man keinen Kochherd, und nur sehr wohlhabende Bürger und adelige Herren konnten sich eine abgetrennte Küche leisten. Gewöhnlich hing der große gemeinsame Kochtopf am Kesselhaken und verbreitete von früh bis spät seinen appetitanregenden Duft. Der Wohnraum war mit Truhen, Geschirrschränken, Anrichten und Beistelltischen, Bänken und Fußschemeln möbliert und mit zahlreichen Kissen ausgestattet nicht aber mit einem Eßtisch. (Eßzimmer gab es erst viel später). Jeweils vor den Mahlzeiten wurden einfach lange Bretter auf Böcke gelegt und mit weißen Leintüchern bedeckt, die bis zum Boden reichten; später wurden sie wieder fortgeräumt.

Die Schlafkammern in den oberen Stockwerken waren mit Truhen und riesigen Betten ausgesattet, in denen man zu mehreren schlief. So teilten sich zum Beispiel alle Mädchen des Hauses ein Bett oder alle Knaben, oder die Großeltern schliefen gemeinsam mit ihren Enkeln; zuweilen bat der Herr des Hauses einen durchreisenden Gast zum Zeichen seiner Freundschaft und Ehrerbietung ins Ehebett, nahm selbst allerdings den Platz zwischen Gast und Gattin ein.

Es gab drei Mahlzeiten am Tag: ein gehaltvolles Frühstück, wie es etwa die traditionsbewußten Engländer noch heute lieben, dann zwischen halb zwölf und zwölf Uhr das Mittagessen, bestehend aus einem Eintopfgericht, einem Braten, Früchten und verschiedenen Käsesorten, und schließlich das Abendessen. Die hart arbeitenden Bauern legten jeweils am späten Vormittag und am Nachmittag eine zusätzliche Brotzeit ein, um wieder zu Kräften zu kommen.

Vor den Mahlzeiten wusch man sich sorgfältig die Hände. In wohlhabenden Häusern hatten Diener die Aufgabe, mit einem Hornsignal dieses wichtige Ritual, das als unerläßlich galt, anzukündigen. Mit einem großen Handtuch über dem Linken Arm präsentierten sie den Gästen kostbare Zinn- oder Silberschalen, in die aus hohen Kannen parfümiertes Wasser gegossen wurde. Auch sonst waren unsere mittelalterlichen Vorfahren äußerst reinlich, wenn man von den chaotischen Verhältnissen während der Pest, anderer Seuchen und Hungersnöte absieht. Häufiges baden war – zumindest bei der städtischen Bevölkerung – eine Selbstverständlichkeit, und große Badezuber aus poliertem Holz gehörten zu jedem bürgerlichen Haushalt.

Die Tafeln waren lang und schmal – nur bei großen Festmahlen wurden sie in U-Form angeordnet. Männer und Frauen saßen in gemischter Reihe. Der Hausherr führte den Vorsitz am Kopfende, seine Frau zu seiner rechten; die übrigen Tischgenossen waren nach Rang und Alter auf den mit Kissen bedeckten Bänken verteilt. Meißt aß die Dienerschaft am gleichen Tisch mit. Nach dem Tischgebet begann das Mahl. In tiefen Schüsseln wurde in Stücke geschnittenes Fleisch herumgereicht; es wurde jeweils zwischen zwei Esser gestellt, da man es sich zur Ehre anrechnete, mit dem Tischnachbarn zu teilen. An jedem Platz lag statt eines Tellers eine große Scheibe Brot. Man aß mit drei Fingern, wie heute noch die Araber, und behalf sich, wenn nötig, mit Messer und Löffel. (Erst Katharina von Medici brachte die Gabel aus Itlaien mit, als sie den späteren König Heinrich II. heiratete.) Zwischen den Gängen wusch man die Finger in Schalen, die von Dienern gereicht wurden, und trocknete sie mit den dargebotenen Tüchern ab.

Die Becher, Humpen und Pokale mit den Getränken standen nicht etwa auf dem Tisch, sondern wurden stets wohlgefüllt auf einer Anrichte bereitgehalten und auf den leisesten Wink dem durstigen Gast gebracht. Bei festlichen Anlässen standen silberne Salz- und Gewürzstreuer, sowie Konfektschalen auf der Tafel. Abends wurden kerzen in schweren Kandelabern, Öllampen nach Art der Römer und Fakkeln entzündet und ließen die Augen der Frauen und Mädchen leuchten.

Wie sahen die Damen jener Zeit aus? Wenn sie dem zeitgenössischen Schönheitsideal entsprechen wollten, mußten sie zart, schlank und möglichst blond sein. Also achteten sie auf ihre Linie und aßen wenig – besonders Figurbewußte legten im Herbst eine Schlankheitskur mit grünen Äpfeln ein –, denn unter den weichfließenden Gewändern zeichneten sich die Körperformen deutlich ab.

Die Lebensgewohnheiten der Bürger zwischen dem 12. und dem 15. Jahrhundert unterschieden sich also gar nicht so grundlegend von unseren heutigen, und auch ihre Kochrezepte sollte man nicht einfach als zu fremd oder gar barbarisch abtun, sondern mit Interesse und Neugierde studieren und ausprobieren.

Bevor Sie sich nun mit den vorwiegend bürgerlichen Gerichten dieses Buches befassen, lesen sie nach, wie auf einem der berühmtesten höfischen Feste getafelt wurde: Im Jahre 1453 gab Philipp le Bon, der prunkliebende Herzog von Burgund, für seine Ritter in Lille ein opulenzes Festmahl, um sie zum Kampf gegen die Türken zu bewegen. Wie die begeisterten Chronisten berichten, gab es 48 verschiedene Speisen, die durch ihre Originalität und gigantischen Ausmaße auffielen. So wurde zum Beispiel auf einem Karren eine riesige Pastete hereingefahren, in der sich 28 Musiker mit ihren Instrumenten verbargen.

Anmerkung der Übersetzerin

Dieses Kochbuch ist nicht für Anfänger gedacht. Jeanne Bourin ist in erster Linie Verfasserin von Romanen aus der Zeit des Mittelalters, nicht von Kochbüchern. So setzt sie zum Beispiel – hierin den mittelalterlichen Autoren ähnlich – voraus, daß Sie wissen, wie man Tauben oder Enten brät. Ihr Hauptinteresse gilt nicht den eigentlichen Garvorgang, sondern den spezifisch mitteralterlichen Zubereitungsarten, wie etwa den gewagten Zusammenstellungen, den ungewöhnlichen Saucen und Gewürzmischungen.

Babara Evers

Suppen

Wichtigstes Nahrungsmittel war das Brot, entsprechend viele Brotsorten gab es.

HÜHNERBRÜHE MIT PETERSILIE

Brouet de Savoie

BOUILLON AU PERSIL

Prenéz chapons ou poulés et faites boulir avec du lart bien maigre et les foyes : et quant ce sera demi cuit, traiez-les, puis mettez de la mie de pain tremper ou boullon, puis broyez gingembre, canelle, saffran, et les ostez; puis broyez les foyes et du percil foison, puis coulez, et après broyez et coulez le pain, puis boulez tout ensemble.

Et nota que le saffran fait le brouet jaune, et le percil le fait vert : ainsi semble que ce soit mauvaise couleur. Mais il semble que la couleur seroit plus certaine se de pain estait noirci, car le pain noirci et saffran font vert, et percil aussi fait vert.

Ménagier de Paris

Zutaten
für 6 Personen

2 l Hühnerbrühe
1 Scheibe durchwachsener
Speck von 1 cm Dicke
2 Hühnerlebern
60 g Weißbrot ohne Rinde
1–2 Prisen
gemahlener Ingwer
1–2 Prisen Zimt
1 Messerspitze Safran
2 El gehäufte Petersilie

Das Weißbrot in wenig Hühnerbrühe einweichen. Die Hühnerleber 5 Minuten in etwas Hühnerbrühe kochen.

Den Speck würfeln und 5 Minuten in kochendes Wasser geben, damit er einen Teil seines Fettes verliert. Die Speckwürfel abtropfen lassen.

Das eingeweichte Brot, die Lebern und die Petersilie mit den Gewürzen zusammen im Mixer pürieren.

Die Mischung in die Hühnerbrühe rühren.

Die Speckwürfeln hinzufügen und die Suppe zum Kochen bringen. Unter fortwährendem Rühren 5 Minuten kochen lassen.

In jeden Suppenteller geröstete Weißbrotecken geben und die kochendheiße Hühnerbrühe darübergießen.

HÜHNERBRÜHE MIT KASTANIEN

Soubtil brouet d'Angleterre

BOUILLON DE POULE AUX CHÂTAIGNES

Se vos volez fère soutil brouet d'Engleterre, prenez gelines e cuisiez les fees; puis prenez chasteingnes, se en traiez les noieas, e breez ensemble, puis destrempez de l'eve ou les gelines seront cuites; e metez gingembre, safren, e poivre lons, e deffaites de cel brouet, puis metez ensemble.

Viandier de Taillevent

Soubtil brouet d'Angleterre. Prenez chastaignes cuites pelées, et autant ou plus de moyeux d'œufs durs et du foye de porc : broyez tout ensemble, destrempez d'eaue tiède, puis coulez par l'estamine; puis broyez gingembre canelle, girofle, graine, poivre long, garingal et saffran pour donner couleur et faites boulir ensemble.

Ménagier de Paris

Zutaten
für 6 Personen:

2 l Hühnerbrühe
1–2 Geflügellebern
250 g Kastanien
3 hartgekochte Eier
1/2 TL gemahlener Ingwer
1/2 TL Zimt
2 zerstoßene Gewürznelken
1 Prise Kardamom
1 Prise Cayennepfeffer
1 Prise Safran
(kann entfallen)
Salz

Die Hühnerbrühe über Nacht in den Kühlschrank stellen; am nächsten Tag die Fettschicht entfernen. Die geschälten und halb gar gekochten Kastanien von der Haut befreien. Zusammen mit den hartgekochten Eidottern und der Geflügelleber im Mixer pürieren.
Die Gewürze hinzufügen. Mit etwas Hühnerbrühe verrühren.
Die restliche Hühnerbrühe in einen Topf geben. Die pürierte Masse hinzufügen und zum Kochen bringen; dabei sehr häufig umrühren – die dickflüssige Suppe setzt leicht an.
Über geröstete Weißbrotecken gießen und sehr heiß servieren.

Kastanien waren als Beilage oder als Füllung für Fleisch und Geflügel sehr beliebt

GEFLÜGELCREMESUPPE

Mortereul et faulx grenon

POTAGE CRÈME DE VOLAILLE

Mortereul est fait comme faulx grenon (voir ci-dessous), sauf tant que la char est broyée ou mortier avec espices de canelle : et n'y a point de pain, mais pouldre de canelle pardessus.

Faulx grenon. Cuisiez en eaue et en vin des foies et des jugiers de poulaille, ou de char de veel, ou d'une cuisse de porc ou de mouton, puis la hachiez bien menuement et friolez au saing de lart : puis broyez gingembre, canelle, giroffle, graine, vin, vertjus, boullon de beuf ou de celluy mesmes, et des moyeux grant foison, et coulez dessus votre char, et faites bien boullir ensemble. Aucuns y mettent du saffran, car il doit estre jaune couleur, et aucuns y mettent pain harlé, broyé et coulé, car il doit estre liant et d'œufs et de pain, et si doit estre aigre de vertjus. Et au drécier, sur chascune escuelle, pouldrez pouldre de canelle.

Ménagier de Paris

Zutaten
für 4 Personen

500 g Geflügelreste
(Fasan, Perlhuhn oder
Huhn) mitsamt Rumpf
2/3 l Wasser und
1/3 l Weißwein
2 Scheiben Weißbrot
2 verquirlte Eier
70 g geriebener Gruyère
1 Kräutersträußchen
(siehe S. 66)
1/4 TL gemahlener Ingwer
1/4 TL gemahlener Kümmel
Saft einer Zitrone
oder 3 EL Weinessig
Salz
Pfeffer
evtl. etwas Crème fraîche

Die Geflügelreste in einen Topf geben und mit Wein-Wasser-Gemisch bedecken. Das Kräutersträußchen dazugeben, 1 Stunde kochen lassen.
In einer Schüssel das geröstete und zerkleinerte Weißbrot, die zwei Eier, den Ingwer, den Kümmel und den Zitronensaft miteinander vermischen.
Geflügel und Kräutersträußchen aus der Brühe nehmen. Das Fleisch im Mixer pürieren; mit dem Käse vermischen.
Das Brot-Ei-Gemisch mit etwas Geflügelbrühe verrühren, so daß eine geschmeidige Masse entsteht; mit dem pürierten Geflügelfleisch vermischen.
Die Masse an die Geflügelbrühe geben und unter Rühren bei schwacher Hitze dicklich einkochen lassen. Mit Pfeffer und Salz abschmecken.
Die Suppe in vorgewärmte Teller gießen und mit gehackter Petersilie bestreuen.
Sie können auch jede Portion mit einem Eßlöffel Crème fraîche versehen.

ZWIEBELSUPPE

Soupe à l'oignon

...A jour de poisson et en karesme, l'en frit les oignons... et puis l'uille en quoy les oignons sont fris et iceulx oignons l'en met dedans avec chappeleures de pain, gingembre, clo et graine broiés : et deffait de vinaigre et vin, et y met-l'en un petit de saffren, puis dressiez souppes en l'escuelle.

Ménagier de Paris

Zutaten
für 4 Personen

6 mittelgroße Zwiebeln,
in feine Ringe
geschnitten
3 EL Olivenöl
1/2 l trockener Weißwein
3/4 l Wasser
2–3 EL Weinessig
4 Scheiben Weißbrot
1 große Prise
gemahlener Ingwer
3 zerstoßene Gewürznelken
1 kleine Prise Safran
Salz
evtl. Parmesan

Die Zwiebeln bei schwacher Hitze in Öl andünsten. Sobald sie glasig werden, die Hitze erhöhen und die Zwiebeln goldgelb braten; achten Sie darauf, daß sie nicht zu dunkel werden.
Das Wasser, den Wein und Salz hinzufügen.
Sollte der Wein sehr herb sein, geben Sie etwas Zucker dazu, er verstärkt den Weingeschmack der Suppe.
Die Suppe 10–15 Minuten kochen lassen.
Währenddessen die Weißbrotscheiben rösten, zerkleinern und in eine Schüssel geben. Ingwer, Nelken, Safran und Weinessig hinzufügen, vermischen und in die kochende Flüssigkeit geben. Umrühren, bis diese wieder aufkocht.
Bei schwacher Hitze 10–15 Minuten einkochen lassen.
In jeden Teller eine geröstete Weißbrotscheibe oder geröstete Brotwürfel geben und die heiße Suppe darübergießen.
Eventuell mit geriebenem Parmesan bestreuen.

S ouppe despourveue

SOUPE VITE FAITE

Aliter, à jour de char, prenez du chaudeau de la char, et aiez pain trempé ou maigre de l'eaue de la char, puis broyez, et six œufs : puis coulez et mettez en un pot avec de l'eaue grasse, espices, vertjus, vinaigre et saffran; faictes boulir un bouillon, puis dréciez par escuelles.

Ménagier de'Paris

Zutaten
für 4 Personen

1 l Hühner-
oder Fleischbrühe
1 Tasse Semmelbrösel
oder geröstete
Weißbrotkrumen
3 Eier
Saft einer halben Zitrone
1/2 TL zerstoßene
Korianderkörner
1/2 TL Kardamomkörner
1/2 TL gemahlener
Kümmel
1 kleine Prise Safran

Die Brühe zum Kochen bringen.
In der Zwischenzeit die Eier mit den Semmelbröseln und den Gewürzen vermischen; mit einigen Eßlöffeln Brühe verrühren und den Zitronensaft hinzufügen.
Die Brühe vom Herd nehmen, die Mischung hineingeben und kräftig umrühren. Unter fortwährendem Rühren die Hitze reduzieren. Die Suppe darf nicht wieder aufkochen, soll aber so lange köcheln, bis sie leicht dicklich wird.
Über geröstete Weißbrotecken gießen und kochend heiß auftragen.

In einer Variante des mittelalterlichen Originalrezeptes wird empfohlen, kurz vor dem Servieren eine Handvoll grobgehackte, in Butter gebratene Petersilie über die Suppe zu streuen.

Vorspeisen

Das Drehen des Spießes und das Überwachen des Bratens gehörte zu den wichtigsten Aufgaben in der mittelalterlichen Küche.

SCHNECKEN

L imassons

ESCARGOTS

Que l'en dit « escargols », convient prendre à matin. Prenez des limassons jeunes, petis, et qui ont coquilles noires, des vignes ou des seurs[1], puis les lavez en tant d'eaue qu'ils ne gettent plus d'escume : puis les lavez une fois en sel et vinaigre et mettez cuire en eaue. Puis il vous convient trair iceulx limassons de la coquerette au bout d'une espingle ou aguille, et puis leur devez oster la queue, qui est noire, car c'est leur m..de; et puis laver, mettre cuire et boulir en eaue, et puis les traire et mettre en un plat ou escuelle, à mengier au pain. Et aussi dient aucuns qu'ils sont meilleurs frits en huille et oignon ou autre liqueur après ce qu'ils sont ainsi cuis que dit est dessus, et sont mengiés à la pouldre, et sont pour riches gens[2].

Ménagier de Paris

Zutaten
für 6 Personen

72 Weinbergschnecken,
tiefgefroren
oder aus der Dose
150 g Butter
4 feingehackte Schalotten
2 gehackte Knoblauch-
zehen
Salz, Pfeffer
2 EL feingehackte
Petersilie
einige frische gehackte
Thymianblättchen
Gewürzmischung
(siehe Seite 199)

In etwas Butter die Schalotten und den Knoblauch goldgelb und weich dünsten.
Die restliche Butter hinzufügen und die Schnecken darin bei mittlerer Hitze schmoren, bis sie vom Aroma der Schalotten und des Knoblauchs durchdrungen sind. Die Petersilie und den Thymian hinzufügen und reichlich pfeffern.
Nach einigen Minuten salzen und mit der Gewürzmischung überstäuben. Sehr heiß servieren.

Der in der Gewürzmischung enthaltene Ingwer macht die Schnecken bekömmlicher.

FROSCHSCHENKEL

Renoulles

CUISSES DE GRENOUILLES

Pour les prendre, aiez une ligne et un ameçon avec esche de char ou d'un drap vermeil, et icelles renoulles prises, couppez-les à travers parmi le corps emprès les cuisses et vuidiez ce qu'il y sera emprès le cul, et prenez desdictes renoulles les deux cuisses, coupez les piés, et lesdites cuisses pelez toutes crues, puis aiez eaue froide et les lavez; et se les cuisses demeurent une nuit en eaue froide, de tant sont-elles meilleures et plus tendres. Et ainsi trempées, soient lavées en eaue tiède, puis mises et essuites en une touaille; lesdictes cuisses ainsi lavées et essuites, soient en farine touillées, id est « enfarinées », et puis frites en huille, sain ou autre liqueur, et soient mises en une escuelle et de la pouldre dessus.

Ménagier de Paris

Zutaten
für 4 Personen

3–4 Dutzend Frosch-
schenkel
150 g Butter
2 EL Mehl
Salz
Gewürzmischung
(siehe S. 199)

Die Froschschenkel abtrocknen.
Leicht in mit Salz gewürztem Mehl wenden.
In einer großen Pfanne die Butter zergehen, aber nicht braun werden lassen.
Die Froschschenkel in die sehr heiße Butter geben und in 6–7 Minuten von beiden Seiten goldgelb braten.
Auf einen vorgewärmten Servierteller füllen und mit der Gewürzmischung bestreuen.

SALZIGE KÄSETORTE »BOURBONNAISE«

Tartre bourbonnaise

TARTE BOURBONNAISE

Fin fromage broyé, destrampé de cresme, et de moyeux d'œufz souffisamment, et la croste bien poytrie d'œufz, et soit couverte le couvercle entier, et orengé par dessus.

Viandier de Taillevent

Zutaten
für 6 Personen

Für den Teig:
1 Ei, 80 g Butter
160 g Mehl, 1 EL Wasser
Salz
Für den Belag:
200 g Crème fraîche
5 Eier
70 g geriebener Gruyère
oder Emmentaler
(evtl. Roquefort)
Pfeffer

Den Backofen vorheizen.
Die Butter zum Schmelzen bringen, aber nicht braun werden lassen.
Vom Herd nehmen und Salz, Mehl, Wasser und zuletzt das Ei hinzufügen. Mit einem Holzlöffel alles schnell vermischen.
Eine mit Butter ausgestrichene und mit Mehl bestäubte Tortenform mit dem Teig auslegen und im vorgeheizten Backofen hellgelb, aber nicht braun backen.
Während der Backzeit in einer Schüssel die Eier, die Crème fraîche, den geriebenen Käse und etwas Pfeffer gründlich miteinander verrühren.
Diese Mischung auf den vorgebackenen Teigboden geben. Erneut in den Backofen schieben, bis die Torte aufgeht und goldbraun ist.

Wenn Sie statt des Hartkäses Roquefort oder einen ähnlichen Edelpilzkäse verwenden, zerdrücken Sie ihn mit einer Gabel, bevor Sie nach und nach die Crème fraîche dazugeben und beides zu einer glatten Masse verrühren. Erst dann werden die Eier unter kräftigem Schlagen einzeln hinzugefügt.

Tourte d'espinoches

TARTE AUX ÉPINARDS

Pour faire une tourte, prener perressi, mente, bedtes, espinoches, letuees, marjolienne, basilique et pilieux, et tout soit broyer ensamble en ung mortiez et destramper d'aigue clére; et espreignez le jus, et rompez œuf grand foison avec le jus, et il mecter poudre de gingimbre, de cannelle, et poivre long, et fin fromage gratusiez, et du sel; tout batez ensamble, et puis faicte vostre paste bien tenue pour mectre en vostre bascin, et la grandeur du bacin, et puis chassez bien vostre bacin; et puis il mecter du sain de port dedans, et puis vostre paste aprés dedans le dit bacin, et mecter vostre bacin sur les charbons, et remecter dedans la paste du sain de port; et quant il sera fonduz, mectez vostre grain, dedanz vostre paste, et le couvrez de l'aultre bacin; et mecter du feu dessus comme dessoubz; et laissez vostre tourte ung pol sechiez puis descouvres le bacin dessus, et mecter sur vostre torte, par bonne manière, V moyeux d'euf et de la fine poudre; puis remectre vostre bacin dessus comme devant, et le lessez po à pol cuire et à petit feu de charbon; et regarder souvent qu'elle ne cuise tropt, puis mecter du succre dessus à dressiez.

Viandier de Taillevent

Zutaten
für 6 Personen

Für den Teig:
80 g Butter, 160 g Mehl
2 EL Wasser, Salz
Für den Belag:
1 kg Blattspinat, Mangold
und Kopfsalat
(oder nur Blattspinat)
1 großer Bund Petersilie
1 kleiner Bund Minze
1 Messerspitze Oregano
einige Basilikumblätter
6 Eier
70 g geriebener Gruyère
1 Prise Zimt

Mehl und Salz in eine Schüssel geben. Die zerlassene Butter und das Wasser hinzufügen und schnell vermischen. Den Teig rasch ausrollen und eine eingefettete Springform damit auslegen.

Während der Backzeit das Gemüse und die Kräuter waschen, abtropfen lassen und im Mixer zerkleinern.

Den Speck würfeln, 5 Minuten in kochendes Wasser geben, abtropfen lassen und beiseite stellen. In einer Schüssel 5 Eier mit Salz und den Gewürzen kräftig verrühren. Das zerkleinerte Gemüse, die Crème fraîche und drei Viertel des Käses hinzufügen und gründlich vermischen.

Auf dem Teigboden die Speckwürfel verteilen und die Eier-Gemüse-Füllung darübergeben. Im vorgeheizten Backofen bei mittlerer Hitze etwa 45 Minuten backen.

1 Prise gemahlener Ingwer
2 EL Crème fraîche, Salz
150 g durchwachsener Speck

5 Minuten vor Ende der Backzeit mit einem verquirlten Ei bestreichen, mit dem restlichen Käse bestreuen und unter dem Grill goldbraun werden lassen.

Schon damals galt Spinat als besonders gesund und kräftigend.

EIERKUCHEN

Fromentee

FROMENTÉE

P our faire fromentee prenes votre fromentee et le faictes cuyre de longue main a petit feu iusque a ce que soit creve et bien cuict ce faist auras laict de vache et passeras le dit froment avec le dit laict et quand sera passe le boutteras sur les charbons en ung pot loing de la flambe et quant commencera a boullir tu boutteras dedans sucre et ung peu de pouldre de gingembre ensemble du saffran battue goutteras de sel puis quant verras quelle sera cuyte et bien assaisonnee a ton gout tu prendras des moyeux dœufx selon la quantite que tu auras de formentee et les passeras par lestamine ensemble ung petit de laict de vache et le iecteras dedans ton froment pour la trousser et la plus troussée est la plus belle et meilleure et garde quand iecteras les œufz dedans quelle ne soit trop chaulde car elle ferait tourner les œufz et bruller.

Livre fort excellent de cuisine

Zutaten
für 6 Personen

250 g Mehl
1 l Milch
4 Eigelb
2 TL Puderzucker
1–2 Prisen
gemahlener Ingwer
1 kleine Prise Safran
Salz

Das Mehl in eine Schüssel geben; in die Mitte eine Vertiefung drücken und nach und nach die lauwarme Milch hinzufügen. Dabei ständig rühren, damit sich keine Klumpen bilden. Nacheinander die Eigelb dazugeben, dabei kräftig rühren. Salzen.
Die Gewürze mit dem Puderzucker vermischen und zu dem Teig geben. Gründlich verrühren.
Eine feuerfeste Form mit Butter ausstreichen, den Teig hineingeben und ca. 30 Minuten im vorgeheizten Backofen goldbraun backen.

Im Mittelalter verwendeten die Hausfrauen kein Mehl, sondern geschälte Weizenkörner, die sehr lange in Salzwasser gekocht wurden, bis sie ganz weich waren.

KRÄUTER-QUICHE

Arboulastre en tartre faicte à la paelle

QUICHE AUX HERBES AROMATIQUES

Aiez vos œufs et herbes et une cloche de gingembre batues, meslées et broyées comme devant est dit, puis aiez de la paste pestrie ainsi comme pour le fons d'une tartre, et chauffez vostre paelle à huille ou autre gresse : puis mettez vostre paste pestrie dedans le fons de la paelle, puis mettez la farce de vostre tartre avec frommage gratuisié meslé parmi à souffisant planté. Et pour ce que le dessoubs, c'est assavoir la paste qui fait le fons de la tartre, seroit cuit avant que le dessus feust guères eschauffé, torché, nettoyé, et soit icelle paelle plaine de charbon ardant, et la mettez par dedans l'autre paelle, prés et joignant de la farce, pour icelle eschauffer et cuire à l'essuyé et aussi à ouni comme la paste.

Ménagier de Paris

Zutaten
für 6 Personen

200 g Mürbeteig
(siehe Seite 168)
8 Eier
150 g Crème fraîche
70 g geriebener Gruyère
2 Salbeiblätter
1 Bund Petersilie
1 Bund Schnittlauch
1 Stange Bleichsellerie
1–2 Basilikumzweiglein
1 Estragonzweiglein
etwas frische Ingwerwurzel
oder 1 TL Ingwerpulver
Salz

Die Bürgersfrauen im Mittelalter besaßen zwar keinen Backofen (die entsprechenden Gerichte wurden zum Bäcker getragen), wußten sich aber durchaus zu helfen: Quiches oder Torten wurden in einer eingefetteten Pfanne gebacken. Die nötige Oberhitze bekamen sie durch eine zweite, mit glühender Kohle gefüllte Pfanne, die obendrauf gesetzt wurde.

Die Kräuter feinhacken und mit dem Ingwer, dem Käse, der Crème fraîche und den Eiern vermischen. Nicht zu kräftig salzen, da der Käse schon Salz enthält.
Eine Tortenform mit dem Mürbeteig auslegen und im vorgeheizten Backofen vorbacken, bis der Teig trocken, aber nicht braun wird.
Das Ei-Kräuter-Gemisch auf den Teigboden geben. Erneut in den Backofen schieben und in etwa 20 Minuten garbacken.

CHAMPIGNONPASTETE

Pastes

PÂTÉ DE CHAMPIGNONS

Champignons d'une nuit sont les meilleurs, et sont petits et vermeils dedans, clos dessus : et les convient peler, puis laver en eaue chaude et pourboulir; qui en veut mettre en pasté, si y mette de l'uille, du fromage, et de la pouldre.

Ménagier de Paris

**Zutaten
für 4 Personen**

300 g Mürbeteig
(siehe Seite 168)
oder Blätterteig
750 g frische
Champignons
70 g geriebener Gruyère
3 EL Olivenöl
(oder 60 g Butter)
1/2 TL Gewürzmischung
(siehe Seite 199)
Salz
Pfeffer

Den Teig in eine größere und eine kleinere Portion teilen.
Die Pilze gründlich putzen, waschen und vorsichtig abtrocknen. Je nach Größe halbieren oder vierteln. Das Olivenöl bzw. die Butter in einer Pfanne erhitzen. Die Champignons hineingeben, salzen, pfeffern und bei mittlerer Hitze schmoren lassen, bis die Flüssigkeit verdampft ist.
Das größere Teigstück ausrollen, Boden und Rand einer ausgefetteten Tortenform damit auslegen.
Die Champignons auf den Tortenboden geben, mit der Gewürzmischung und dem Käse bestreuen.
Aus dem restlichen Teigstück einen Deckel in Größe der Tortenform ausrollen und auf die Pastete legen. Die Teigränder anfeuchten und fest aufeinanderdrücken. Den Teigdeckel in der Mitte kreuzförmig einschneiden. Die Pastete in den vorgeheizten Backofen geben und bei mittlerer Hitze in einer guten halben Stunde goldbraun backen.
Sie können auch eine Champignontorte (oder kleine Törtchen) ohne Teigdeckel backen; in den mittelalterlichen Kochbüchern wird häufig vorgeschlagen, den Deckel der Pastete vor dem Servieren zu entfernen. – Für das Rezept eignen sich auch Steinpilze, Morcheln, Pfifferlinge.

34

RINDERMARKPASTETCHEN

Rissoles en jour de char

PETITS PÂTÉS A LA MOELLE

Item, à la court des seigneurs comme Monseigneur de Berry, quant l'en y tue un beuf; de la mouelle, l'en fait rissolles..

Ménagier de Paris

**Zutaten
für 4 Personen**

250 g Mürbeteig
(siehe Seite 168)
8 große Markknochen
(sehr frisch)
3 hartgekochte Eier
etwas Kümmel
Salz
Pfeffer

Diese Rindermarkpastetchen waren im Mittelalter eine hochgeschätzte und nur besonderen Gästen vorbehaltene Delikatesse.

Die Markknochen einzeln in Alufolie wickeln.
10 Minuten in den vorgeheizten Backofen geben.
Anschließend das Mark herauslösen.
Die Eier schälen und hacken.
Den Teig auf einem bemehlten Brett ausrollen. Mit einer runden Ausstechform oder einem Glas kleine Teigblätter ausstechen. Auf jedes Teigblatt eine fingerdicke Scheibe Mark setzen. Mit gehackten Eiern, Kümmel, Salz und Pfeffer bestreuen. Die Ränder anfeuchten und die Teigblätter über der Füllung halbmondförmig zusammenfalten.
Die Ränder mit den Zinken einer Gabel zusammendrücken.
Im vorgeheizten Backofen auf einem mit Butter bestrichenen Backblech von beiden Seiten goldbraun backen.
Sehr heiß servieren.

KÄSEWAFFELN

Gauffres couleisses

GAUFRES AU FROMAGE

Gauffres sont faites par quatre manières. La tierce manière, si est de gauffres couleisses et sont dictes couleisses pour ce seulement que la pâste est plus clere, et est comme boulie clère, faicte comme dessus; et gecte l'en avec, du fin frommage esmié à la gratuise; et tout mesler ensemble.

Menagier de Paris

Zutaten
für 4 Personen
(8 Waffeln)

2 Eier
100 g Mehl
40 g zerlassene Butter
knapp 1/8 l Wasser
knapp 1/8 l Weißwein
oder leichter Rotwein
20 g geriebener Parmesan

Das Mehl in eine Schüssel geben, die Eier und die zerlassene, aber nicht gebräunte Butter hinzufügen und gründlich verrühren.
Nach und nach unter Rühren das Wasser und den Wein dazugeben.
Den Teig mindestens einen halben Tag ruhen lassen.
Die Flächen des Waffeleisens erhitzen und leicht mit Butter bestreichen.
Den Teig nochmals kräftig durchrühren – er soll eher dünnflüssig sein. Auf jede der beiden Flächen einen Schöpflöffel voll Teig geben. Mit Parmesan bestreuen. Das Eisen schließen.

Verwenden Sie nur Parmesan. Andere Käsesorten zerlaufen und verkleben das Waffeleisen. – Da Parmesan salzig genug ist, muß der Teig nicht eigens gesalzen werden.

KÄSESTANGEN

Gros bastons

BÂTONS AU FROMAGE

Les gauffriers font un autre service que l'en dit « gros bastons » qui sont fais de farine pestrie aux œufs et pouldre de gingembre, batus ensemble, et puis aussi gros et fais comme andouilles; mis entre deux fers.

Ménagier de Paris

Zutaten für ca. 30 Käsestangen

175 g Butter
350 g Mehl
3 Eier
1 TL gemahlener Ingwer
1 Prise Salz
schmale Gruyèrestreifen,
3–4 mm dick
1 Glas, halb mit Wasser,
halb mit Weißwein
gefüllt

Die Butter schaumig rühren. Mehl, Eier, Salz, Ingwer und das Wasser-Wein-Gemisch hinzufügen, vermischen und zu einem Teig verarbeiten. Mindestens 1 Stunde ruhen lassen.

Den Teig nicht zu dünn ausrollen, Teigblätter ausschneiden und diese mit bemehlten Händen so um die Käsestreifen wickeln, daß etwa fingerdicke Käsestangen entstehen.

Auf einem gebutterten Backblech bei mittlerer Hitze in etwa 30 Minuten goldbraun backen.

SALAT MIT GEFLÜGELLEBER

Menus de pies

SALADE AUX FOIES DE VOLAILLE

Prenez jugiers et foies et faites cuire en vin et en eaue, premiérement les jugiers et au derrenier les foies, puis les mettez en un plat et du percil mencié et du vinaigre par-dessus. Item de pié de beuf et de mouton et de chevrel.

Ménagier de Paris

Zutaten
für 6 Personen

1 Endiviensalat
oder
verschiedene Salat-
sorten
mit festen Blättern
12 Geflügellebern
6 Hühnermägen
1/4 l guter Rotwein
1/8 l Wasser
Salz
Pfeffer
Für die Marinade:
4 EL gutes Öl
1 EL Zitronensaft
oder Weinessig
Salz
Pfeffer
gehackte Petersilie

Die Hühnermägen von der weißen Innenhaut befreien und sorgfältig waschen. In Würfel schneiden, mit Wein und Wasser in einen Topf geben und erhitzen. Salzen, pfeffern.
Etwa eine Viertelstunde köcheln lassen. Die ganzen Geflügellebern hinzufügen und 5–7 Minuten bei schwacher Hitze mitkochen. Sie sollen fest bleiben und innen rosig sein.
Die Leber herausnehmen, abtropfen lassen und in Würfel schneiden; warmhalten.
Die Marinade zubereiten und über den gewaschenen und gründlich abgetropften Salat gießen. Die Geflügellebern und -mägen noch warm daraufgeben. Mit gehackter Petersilie bestreuen.

Statt Hühnermägen können Sie auch nur Geflügelleber verwenden – Sie brauchen dann ein Drittel mehr.

Grüner Salat für frischen Atem und ruhigen Schlaf

EIER »MIT HELM«

Œufs heaumés

ŒUFS « HEAUMÉS »

Cassez le bout et vuidiez l'aubun, et le moyeu estant en la coquille, mettez et asséez icelle coquille sur une tuille, le trou de la coquille dessoubs.

Ménagier de Paris

Diese Eier kann man zubereiten, wenn man besonders viel Glut im Kamin hat. In jede Eierschale ein kleines Loch bohren, ohne das Eigelb zu verletzen. Das Eiweiß – eventuell durch Ansaugen – auslaufen lassen.
Die Eigelb in ihrer Schale in eine irdene, feuerfeste Form geben und in der Glut garen.

GEFÜLLTE EIER MIT SPECK

ŒUFS FARCIS

III. - 12. De ouis, primo de implendis : ad faciendum oua plena, findasunumquodque per medium, dum fuerint bene cocta et hoc integra. Tunc extrahe rubidinem et, acceptis maiorana, safrano, gariofilis, distempera cum rubidine predictorum ouorum; et pista fortiter adiuncto parum de caseo. Per singula octo oua distempera unum ouum crudum. Hoc facto, de isto sapore imple albedines ouorum. Et frige cum bono lardo; et cum agresta comede.

Liber de Coquina

Zutaten
für 6 Personen

12 hartgekochte Eier
2 rohe Eier
1 gestrichener TL Majoran
1 Messerspitze Safran
2 zerstoßene Gewürznelken
80 g Edelpilzkäse
12 sehr dünne Scheiben
durchwachsener Speck
Salz
Pfeffer
12 walnußgroße Stück
Butter
2 EL Weinessig

Die hartgekochten Eier abschrecken, schälen und quer durchschneiden. Die Eigelb mit einem Löffel vorsichtig herauslösen, die Eiweiß beiseite stellen. In einer Schüssel die Eigelb mit der Gabel zerdrükken. Die Gewürze, den Käse und die beiden rohen Eier dazugeben und gründlich vermischen. Salzen und pfeffern.
Die Eihälften mit der Mischung füllen und auf jede Füllung ein nußgroßes Stück Butter setzen.
Unter dem vorgeheizten Grill goldbraun werden lassen.
In einer Pfanne die Speckscheiben braten. Die gefüllten Eier auf einem Servierteller anrichten und mit dem Speck garnieren.
Kurz vor dem Servieren mit etwas heißem Weinessig beträufeln.

RÜHREI

ŒUFS BROUILLÉS

III. - 18. De ouis tribulatis : alio modo fiunt oua quae tribulata dicuntur quando batuta cum de uino, ponantur cum aliqua pinguedine in patella ad frissandum : et mouentur sempercum cocleari. Et dicuntur mollia et tribulata. Ponitur in sentella cum sale superposito.

Liber de Coquina

Zutaten pro Person:

2 Eier
1 EL trockener Weißwein
1 EL Butter
Salz
knapp 1 EL Crème fraîche

Eier, Wein, Crème fraîche und etwas Salz mit dem Schneebesen sanft schlagen.

In einer Kasserolle die Butter zum Schmelzen bringen, aber nicht braun werden lassen. Vorsichtig die Eimasse hineingießen und mit einem Holzlöffel ständig rühren; die Eier dürfen nicht trocken, sondern sollen cremig-feucht sein.

Sehr beliebt waren Eier, die man auf vielfältige Weise zuzubereiten wußte

GEBACKENE EIER / SPIEGELEIER

ŒUFS À LA BRAISE
ŒUFS FRITS

III. - 13. De ouis rotatis : oua rotata sunt quando recentia cum filo ligantur et ponuntur super prunas, ita quod possunt decoqui ad plenum. Et tantum filum cremabitur.

III. - 16. De ouis exiliatis : frissa oua tribus modis parantur : uno modoquando integra et separatim coquuntur cum oleo uel alia pinguedine in patella. Etiam debet comedi cum salsa uiridi uel agresta. Talia dicuntur oua exiliata.

Liber de Coquina

IN DER SCHALE GEBACKENE EIER
Die Eier, die sehr frisch sein sollten, mit etwas Schnur umwickeln und auf glühende Holzkohle legen.
Wenn die Schnur verbrannt ist, sind die Eier gar.

SPIEGELEIER
Am einfachsten ist es, die Eier einzeln zu braten.
In einer kleinen Pfanne etwas Öl stark erhitzen, das Ei aufschlagen, hineingleiten lassen und salzen.
Mit einer grünen Sauce (siehe S. 195) oder einem Spritzer Zitronensaft servieren.

POCHIERTE EIER MIT FENCHEL

ŒUFS POCHÉS AU FENOUIL
cuisine paysanne

I. - 17 ter. Item, ad usum campanie : accipe feniculum integrum decoctum cum cinamomo et pone oua perdita et parum de safrano et carnes pullorum pro diebus quibus vis.

Liber de Coquina

Zutaten
für 4 Personen

4 Fenchelknollen
8 Eier
1/4 TL Zimt
1 Messerspitze Safran
Salz
1 EL Essig
Butter

Die Fenchelknollen sorgfältig waschen und der Länge nach halbieren.

In einem Topf einen Eßlöffel Butter erhitzen. Den Fenchel hineingeben, salzen, mit Zimt bestreuen und zugedeckt garschmoren lassen.

Einen Liter Wasser mit dem Essig und etwas Salz zum Kochen bringen.

Die Eier einzeln aufschlagen und in das kochende Wasser gleiten lassen. Mit einem Löffel das gerinnende Eiweiß um die Eidotter legen. Nach etwa 2–3 Minuten sind die Eier fertig (das Eiweiß soll fest, der Dotter noch weich sein). Mit einem Schaumlöffel vorsichtig herausnehmen, auf Küchenpapier abtropfen lassen und an den Rändern glattschneiden.

Die pochierten Eier auf die Fenchelhälften setzen und mit wenig Safran bestäuben.

Dies Gericht paßt gut zu Resten von gekochtem Huhn.

POCHIERTE EIER MIT GRÜNER SAUCE

Brouet vert d'œufs et de fromage

ŒUFS POCHÉS À LA SAUCE VERTE

Prenez percil et un pou de frommage et de sauge et bien pou de saffren, pain trempé, et deffaites de purée de pois ou d'eaue boulie, broyez et coulez : et aiez broyé gingembre deffait de vin, et mettez boulir, puis mettez du frommage dedens et des œufs pochés en eaue, et soit vert gay.
Item, aucune n'y mettent point de pain, mais en lieu de pain convient lart.

Ménagier de Paris

Zutaten
für 4 Personen

8 Eier
3 Scheiben Weißbrot
1/4 l Gemüsebrühe von:
Porree, Karotten,
Sellerie
oder
Zwiebeln, Knoblauch,
Thymian und Lorbeer
1 Prise gemahlener Ingwer
1 EL Wein
Salz, Pfeffer
1 EL Essig
70 g geriebener Gruyère
oder 40 g Parmesan
1 EL gehackte Petersilie
1–2 Salbeiblättchen
evtl. 1 Prise Safran

Das Weißbrot rösten und zerkleinern. In eine Schüssel geben und die Gemüsebrühe hinzufügen. Den Wein mit Ingwer, Salz, Pfeffer und Safran vermischen und zu dem Brot und der Brühe geben. In einen Topf füllen und unter ständigem Rühren langsam erhitzen.

In einem großen Topf 1 Liter Wasser mit Salz und 1 Eßlöffel Essig zum Kochen bringen. Die Eier einzeln aufschlagen, in eine Untertasse geben und vorsichtig in das kochende Wasser gleiten lassen. Mit einem Löffel das gerinnende Eiweiß um die Eidotter legen. Nach 2–3 Minuten ist das Eiweiß fest.

Mit einem Schaumlöffel die Eier herausheben, ohne die Dotter zu verletzen, auf einen Servierteller geben und warmstellen.

Den geriebenen Käse in der heißen Sauce auflösen, Petersilie und Salbei hinzufügen und vom Herd nehmen. Die Sauce, die von kräftig-grüner Farbe sein soll, über die Eier gießen.

EIER MIT SENFSAUCE

*S*ouppe en moustarde

ŒUFS À LA MOUTARDE

Prenez de l'uille en quoy vous avez pochés vos œufs, du vin, de l'eaue, et tout boulir en une paelle de fer : puis prenez les croustes du pain, et les mettez harler sur le gril, puis en faittes souppes¹ quarrées, et mettez boulir; puis retraiez vostre souppe, et mettez en un plat ressuier : et dedans le boullon mettez de la moustarde, et faites boulir. Puis mettez vos souppes par escuelles, et versez vostre boullon dessus.

Ménagier de Paris

Zutaten
pro Person

2 Eier
2 EL Öl
2 Scheiben Weißbrot
2 TL mittelscharfer Senf
1/4 l Rotwein
Salz
Pfeffer

In einer Pfanne mit dem heißen Öl die Eier in etwa 1 Minute ausbacken – dabei soll das Eigelb flüssig bleiben.
Die Eier aus der Pfanne nehmen und warmhalten, aber so, daß sie nicht weitergaren.
Den Wein und ein wenig Wasser zu dem heißen Öl gießen und etwas einkochen lassen.
Salzen und pfeffern.
Die Weißbrotscheiben rösten und 5 Minuten in die Weinsauce legen.
Herausnehmen und abtropfen lassen. Warmstellen und die gebackenen Eier daraufsetzen.
Den Senf zu dem heißen Wein geben, rasch unter ständigem Rühren aufkochen lassen und die Eier mit dieser Sauce übergießen.

EIER IN WEINSAUCE

Sivé d'œus fris

ŒUFS EN MEURETTE

Prenés pain roti sur le gri, et mettes tremper en pourée, et prenés le pain, vinesgre et le mains de vergus et du vin, canelle le plus et gingembre, et peu de menus especes, et coulés tout ensamble : et au boulir ongnons fris et du safren et le faites bien boulir; et quant il est cuit, mette-le en ung pot de terre.
Et pour les œus fris, mettés en plas et le brouet par dessus.

Ménagier de Paris

**Zutaten
für 4 Personen**

8 Eier
1 Flasche Rotwein
100 g geröstetes,
zerkleinertes Weißbrot
2 große Zwiebeln,
in Ringe geschnitten
2 EL Butter, Öl oder
Schweineschmalz
150 g durchwachsener
Speck
1 Zweig frischer Thymian
1 Lorbeerblatt
3 Petersilienstengel
2 Knoblauchzehen
1 TL Zimt
1/2 TL gemahlener Ingwer
etwas Zitronensaft
Salz, Pfeffer
1 Messerspitze Safran
4 Scheiben Weißbrot

Den Speck würfeln. In einer größeren Pfanne oder feuerfesten Form das Fett erhitzen und die Zwiebeln mit den Speckwürfeln anbraten. Wenn sie goldbraun sind, nach und nach etwa einen Viertelliter Rotwein dazugießen, dann den Thymian, die Petersilie und eine Knoblauchzehe (alles feingehackt) sowie den Lorbeer hinzufügen.

In einem Schüsselchen das geröstete, zerkleinerte Weißbrot in etwas Rotwein einweichen. Zimt, Ingwer, Pfeffer, Safran und etwas Zitronensaft dazugeben. Im Mixer gründlich vermischen, mit Wein verdünnen und zu der Sauce in die Pfanne geben. Unter häufigem Rühren bei schwacher Hitze einkochen lassen.

Die Eier einzeln aufschlagen und wie Spiegeleier in der Sauce garen lassen. Wenn die Sauce wieder anfängt zu kochen, brauchen die Eier 3 Minuten: das Eiweiß soll fest, der Dotter noch flüssig sein.

Das Gericht in der Pfanne oder der Form servieren. Die Weißbrotscheiben rösten, mit Knoblauch abreiben, diagonal durchschneiden und zu den Eiern reichen.

AUSGEBACKENE SPECKMILCHSCHEIBEN

L ayt lardé

LAIT LARDÉ

P renez du lait et le mettez boullir sur le feu, et avoir moyeulx d'œufz batuz, puis descendez le lait de dessus le feu, et le mettez sur ung pou de charbon, et fillez les œufz dedans.

Et qui veult qu'il soit à chair, prenez lardons et les couppez en deux ou trois morceaulx, et gectez avec le lait boullir puis l'oster de dessus le feu et le mettez en une nappe blanche, et le laissier esgouter, et l'enveloper en ii ou en iii doubles de la nappe, et le pressourer tant qu'il soit dur comme foye de beuf; puis le mettre sur une table et le taillier par leesches comme de plainne paulme ou trois doys, et les boutonner de clous de giroflle, puis les frire tant qu'ils soient roussés; et les dressiez, et jectez du succre dessus. .

Viandier de Taillevent

Zutaten
für 4 Personen

1/2 l Milch
150 g durchwachsener
Speck
6 Eigelb
einige zerstoßene
Gewürznelken
2 EL Puderzucker
100 g Butter

Den Speck würfeln und mit der Milch zum Kochen bringen.
Vom Herd nehmen und erkalten lassen.
Die zerschlagenen Eigelb dazugeben und gründlich vermischen.
Nun im Wasserbad weitergaren. Wenn sie schön dickflüssig ist, die Creme erkalten und in einem feinen Haarsieb oder einem sauberen Geschirrtuch mehrere Stunden abtropfen lassen.
Die schnittfeste Creme in dicke Scheiben schneiden. In einer Pfanne die Butter erhitzen und die Cremeschnitten darin von beiden Seiten goldbraun backen. Mit einer Mischung aus Puderzucker und zerstoßenen Gewürznelken bestreuen.
Sehr heiß servieren.

KRÄUTEROMELETT

Arboulastre

OMELETTE AUX HERBES

Une arboulastre ou deux d'œufs. Prenez du coq deux fueilles seulement, et de rue moins la moitié ou néant, car sachez qu'il est fort et amer : de l'ache, ténoisie, mente et sauge de chascun au regart de quatre fueilles ou moins, car chacun es fort : marjolaine un petit plus, fenoul plus, et percil encores plus; mais de porée, bettes, feuilles de violettes, espinars et laitues, orvale, autant l'un que l'autre, tant que de tout, vous aiez deux poignées largement : eslisez et lavez en eaue froide, puis les espraignez et ostez toute l'eaue, et broyez deux cloches de gingembre; puis mettez ou mortier à deux ou à trois fois vos herbes avec le dit gingembre broyé, et broyez l'un avec l'autre. Et puis aiez seize œufs bien batus ensemble, moyeux et aubuns, et broyez et meslez ou mortier avec ce que dit est, puis partez en deux, et faites deux alumelles espesses qui seront frites par la maniére qui s'ensuit : premiérement vous chaufferez trés bien vostre paelle à huille, beurre ou autre telle gresse que vous vouldrez, et quant elle sera bien chaude de toutes pars, et par espécial devers la queue, meslez et espandez vos œufs parmy la paelle et tournez à une palette souvent ce dessus dessoubs, puis gettez de bon frommage gratuisé pardessus; et sachez que ce est ainsi fait pour ce qui brayeroit le frommage avec les herbes et œufs, quant l'en cuiderait frire son alumelle, le frommage qui serait dessoubs se tendrait à la paelle, et ainsi fait-il d'une allumelle d'œufs, qui mesle les œufs avec le frommage. Et pour ce l'en doit premiérement mettre les œufs en la paelle, et mettre le frommage dessus et puis couvrir des bors des œufs : et autrement se prendraient à la paelle. Et quand vos herbes seront frites en la paelle, si donnez forme quarrée ou ronde à vostre arboulastre et la mengiez ne trop chaude ne trop froide.

Ménagier de Paris

Zutaten
für 4 Personen

8 Eier
1/2 TL gemahlener Ingwer
2 EL Butter
4 Stengel Selleriegrün
4 Zweiglein Minze
1 kleiner Zweig Salbei

Gemüse und Kräuter waschen und gut abtropfen lassen. Im Mixer zerkleinern. Den Ingwer hinzufügen und gründlich vermischen.
In einer Schüssel die Eier mit der Gabel verquirlen. Leicht salzen und die Kräuter daruntermischen.
Die Butter in einer Pfanne rauchend heiß werden lassen und die Eimasse mit den Kräutern hineingießen.

2 Blätter Rainfarn
einige Fenchelblätter
1 Bund Petersilie
1 Handvoll Spinatblätter
1 Handvoll Blätter
von roten Rüben
einige Kopfsalatblätter
2 EL geriebener Gruyère
oder Emmentaler
Salz

Mit einem hölzernen Spatel (oder einem flachen Rührlöffel) die erstarrende Eimasse vom Rand her zur Pfannenmitte schieben und ab und zu an der Pfanne rütteln, damit nichts ansetzt (das fertige Omelett soll keinesfalls trocken, sondern cremig-feucht sein).
Wenn das Omelett halb fertig ist, den geriebenen Käse darüberstreuen. – Im mittelalterlichen Rezept wird langatmig erklärt, daß der Käse auf diese Weise nicht an der Pfanne kleben bleibt und verbrennt. Ein weiterer Vorteil ist, daß das Omelett durch die nachträgliche Beigabe des Käses saftiger wird.

Im Mittelalter wurde der Rainfarn als blutreinigendes, entschlackendes Mittel geschätzt; später galt er lange Zeit als schädlich. Heute wird er wieder-entdeckt, aber man sollte ihn sehr sparsam verwenden.

Frische Flußkrebse und ein guter Wein machten von jeher eine Mahlzeit unter freiem Himmel zum Genuß

Obwohl man im Mittelalter viel Fisch aß, gibt es nur wenige interessante Fischrezepte aus dieser Zeit
Im »Tractatus« und im »Liber de coquina« finden sich verschiedene Vorschläge für mit Ysop, Rosmarin oder Thymian aromatisierten Fischsud zum Kochen der Fische, die von den Rezepten der heutigen französischen Küche nicht allzusehr abweichen; und der »Ménagier de Paris« wie auch der »Viandier de Taillevent« beschränken sich auf den Rat, Fisch zu braten oder in Wasser und Wein zu kochen, erwähnen unverbindlich einige dazu passende Saucen und fügen höchstens hinzu: »und ist auch gut als Pastete«.
Sie werden daher nur die etwas originellen Rezepte in diesem Kapitel finden; und die Kommentare der Autoren sind fast das beste daran. So behauptet der immer etwas pedantische »Ménagier de Paris«, man müsse im Winter runde und im Sommer platte Fische essen. Ferner sei Meeresfisch, der bei feuchtem oder gar regnerischem Wetter gefangen werde, nichts wert.
Auch damals schon liebte man den Stockfisch: Kabeljau, der gleich am Strand luftgetrocknet wurde. Er hielt sich 10 bis 12 Jahre! Danach mußte er allerdings mindestens eine Stunde lang mit einem Holzhammer bearbeitet werden, bevor man ihn 12 Stunden oder länger einweichte. Anschließend wurde er in Wasser gekocht und mit Senf oder Butter verzehrt.
Im Mittelalter wurde eine Vielzahl verschiedener Fische gegessen, und Stör,-lachs, Aal waren ganz alltägliche Genüsse... Aber auch Waal und Tümmler. Vorschläge für ihre Zubereitung finden Sie im Kapitel mit den »kuriosen Rezepten«.

KREBS-RISSOLEN

Rissolles à jour de poisson

RISSOLES AUX CRABES

Cuisiez chasteingnes à petit feu et les pelez, et aiez durs œufs et du frommage pelé tout bien menu; puis les arrousez d'aubuns d'œufs, et meslez parmy pouldre et bien petit de sel délié, et faites vos rissolles, puis les frisiez en grant foison d'uille et succrez.

Et nota, en karesme, en lieu d'œufs et frommage, mettez merlus et escheroys cuis, bien menu hachiés ou char de brocherés ou d'anguilles, figues et dattes hachées.

Item, char de langouste de mer y est bonne en lieu de char.

Ménagier de Paris

Das mittelalterliche Rezept empfiehlt als Füllung für die Rissolen eine Mischung aus gekochten Kastanien, hartgekochten Eiern und Käse. Anschließend werden die Teigtaschen in Öl ausgebacken und mit Zucker bestreut.

In der Fastenzeit sollen laut Rezept Eier und Käse durch Fisch – zum Beispiel durch Hecht oder Aal – mit gehackten Feigen und Datteln ersetzt werden.

Nur der dritte Vorschlag, die Rissolen mit Langustenfleisch zu füllen, klingt verlockend.

Sie können statt dessen Krebsfleisch nehmen, es mit gehackten hartgekochten Eiern, einem verquirltem rohen Ei und einem gehäuften Eßlöffel Crème fraîche vermischen und mit Salz, etwas Kümmel, Safran und wenig Cayennepfeffer würzen. (Zubereitung wie auf S. 164, Teigtaschen mit Fruchtfüllung.)

55

AUSGEBACKENER FISCH / Fisch Sarazenenart

FRITURE DE POISSON
BROUET SARRASIN

IV. 2. De scapeta piscium : ad scabetiam, recipe placem bene lotum, sicut decet, et cum oleo habundanti frige. Postmodum infrigidatur. Deinde cepas incisas per transuersum frige in oleo remanenti. Postea habeas uuas siccas, zenula et pruna, et frige cum cepis predictis simul, et oleum superfluum tollatur.

Accipe ettiam electas species et safranum : tere bene simul cum amigdalis mondatis et distempera cum uino et aceto moderato posito, ne sit nimis acrum. Tunc misce simul cum aliis. Et loco amigdalarum, potes ponere micam panis in uino madefactam et postea trittam. Postea, pone super ignem quousque bulliat et statim depone. Et cum piscis in cissorio concauo ordinatus fuerit, saporem predictam sparge desuper. Quod si uolueris ipsum acrum dulce facere, ponas mustum coctum uelzucaram competenter.

IV. 3. Si cum eisdem addideris amigdalas mondatas integras, uuas grecas passas, dactilos et similia frissa cum predictis cepis, uocabitur brodium serracenicum. Potes etiam ponere poma et pira.

Liber de Coquina

Zutaten
für 4 Personen

1/4 l Öl
(geschmacksneutral)
1 kg Fischfilets
oder -scheiben
2 große Zwiebeln,
in Ringe geschnitten
50 g Rosinen
10–15 Backpflaumen
1 TL Gewürzmischung
(siehe S. 199)
1 Messerspitze Safran
50 g gemahlene Mandeln
1/4 l trockener Weißwein
3 EL Weinessig

AUSGEBACKENER FISCH

Die Fischfilets oder -scheiben gründlich waschen und abtrocknen. Salzen. In dem siedenden Öl ausbacken, herausnehmen, abtropfen und erkalten lassen. – In demselben heißen Öl die Zwiebelringe goldbraun backen und wieder herausnehmen. – Schließlich die Rosinen und die in Stückchen geschnittenen Backpflaumen in dem Öl backen, mit einem Schaumlöffel herausnehmen und das Öl weggießen.

Die Gewürzmischung, den Safran, die gemahlenen Mandeln mit dem Wein und dem Weinessig verrühren. Die Mischung soll nicht zu scharf werden. In einen Topf geben, mit den ausgebackenen Zwiebelringen, Rosinen und Backpflaumen vermischen und unter Rühren aufkochen lassen.

Salz, Pfeffer
geröstete Weißbrotscheiben

Den Fisch auf gerösteten Weißbrotscheiben anrichten und mit der Sauce übergießen.

FISCH SARAZENENART

Das Rezept ist ähnlich wie das vorhergehende, doch werden hier die gemahlenen Mandeln durch ebensoviel ganze, geschälte Mandeln ersetzt. Statt Rosinen werden Korinthen verwendet. Hinzu kommen etwa zehn entsteinte und in Stücke geschnittene Datteln sowie ein fester, würziger Apfel und eine aromatische, nicht zu weiche Birne. Sie werden in Stücke geschnitten und zusammen mit den Trockenfrüchten, den Zwiebeln und den Gewürzen in dem Wein- Essig-Gemisch gekocht.

Gelée de poisson qui porte limon ou de char

POISSON EN GELÉE

Metés cuire en vin, verjus et vin aigre, et de l'eaue, et aucuns y metent un pou de pain, puis prennés gingembre, canelle, girofle, grain de paradis, poivre lonc, nois mugaites et saffren broiés et défaites de vostre bouillon, et métés aveques vostre grain, et l'escumés tant comme il sera sus du feu, si l'escumés à tant qu'il soit drecié. Après que il sera drecié, si purés vostre boullon en un vessel de boies, et le lessiés ressuir, et métés vostre grain sur une blanche nappe; et se est poisson, si lez pellés et metés les peleures en vostre bouillon jusquez à tant qu'il soit coullé la derrenière foies, et gardés que vostre boullon soit cler et net puis dressiés vostre grain pessevelez et métés vostre bouillon en un vessel cler et net, et faites boulir, et en boullant, métés vostre bouillon en vos escuelles par dessus vostre grain, poudrés dessus fleur de canelle et du macis, et puis métés vos escuelles en lieu froit, et se vostre boullon n'est bien net, si le coulés parmi une nape en II ou en trois doubles et soit sallé à point.

Viandier de Taillevent

Zutaten

1 Fisch (gut 1 kg)
für den Fischsud:
genug Wasser, um
den Fisch zu bedecken
1 Glas Weißwein
3 EL Weinessig oder
Saft einer Zitrone
Salz
2 TL Gewürzmischung
aus:
gemahlenem Ingwer,
Zimt, Kardamom,
Pfeffer, Muskat,
3 Gewürznelken,
Safran
2–4 Blatt Gelatine

Den Fischsud kochen lassen. Den ausgenommenen und gewaschenen Fisch im Ganzen bei schwacher Hitze darin garen. (Für größere Fische braucht man einen Spezialtopf mit Siebeinsatz.)
Herausnehmen und auf einem sauberen Tuch abtropfen lassen.
Vorsichtig Haut, Hauptgräte und Kopf entfernen.
Die Fischabfälle in den Sud geben und bei starker Hitze diesen um die Hälfte einkochen lassen. Nun durch ein feines Sieb passieren, bis die Brühe klar ist. Etwas kalt eingeweichte, warm aufgelöste Gelatine an die Brühe geben und gut verrühren.
Den Fisch auf einen Servierteller geben, mit der klaren Brühe übergießen und kaltstellen, bis die Brühe geliert.

Alozes vuydes cest le boyaulx ostez et lamer (le fiel) lavez les et saulpoudres faictes rostir sur le gril en les tournant arrouses de beurre et verius avec une branche de sauge puis mettes en plat beurre vert(ius) et menues herbes haches menu saffran avec groiselles aigretz bouillir le tout entre deulx platz ou terrasses sur le charbon. Ainsi peut on faire de maquereaulx au moys dapvril avec romarin/mariolaine estuvee en yver au brochet du verius beurre/pouldre blanche.

Livre fort excellent de cuisine

Zutaten
für 4 Personen

1 Alse (Maifisch) (1,2 kg)
75 g Butter
2 EL Weinessig
2 Salbeiblätter
Butter zum Ausstreichen
1 TL gehackte Petersilie
1 EL gehackter Schnittlauch
1 Messerspitze Safran
oder
1/2 TL gemahlener Kümmel
1 Pfund Stachelbeeren
oder
1 Büschel Sauerampfer
frische Thymianblätter
oder
getrockneter Thymian
1 Lorbeerblatt
Salz
Pfeffer

Die Flossen des Fisches abschneiden. Den Fisch ausnehmen, waschen und abtrocknen.

Aus geschmolzener Butter, Weinessig, Salz, Pfeffer und zerriebenen Salbeiblättern eine Marinade bereiten. Den Fisch unter den vorgeheizten Grill geben und häufig mit der Marinade begießen.

Die Stachelbeeren in wenig Wasser 10 Minuten kräftig kochen lassen.

Wenn der Fisch von beiden Seiten gegrillt ist, aus dem Backofen nehmen.

Eine feuerfeste Form mit Butter anstreichen. Die abgetropften Stachelbeeren mit einem Eßlöffel Weinessig, dem Safran, Salz und Pfeffer vermischen und in die Form geben. Auf dieses Bett den Fisch legen und mit Petersilie, Schnittlauch, etwas kleingehacktem Thymian und dem zerriebenen Lorbeerblatt bestreuen. Die Form gut verschließen und 15 Minuten in den vorgeheizten Backofen geben.

Den Deckel abnehmen und in der Form servieren.

Die schmackhafte Alse aus der Familie der Heringe gibt es nur im Frühjahr zu kaufen.

GESCHMORTER AAL

Soringue d'anguilles

ANGUILLES POÊLÉES

Estauvez ou escorchiez, puis tronçonnez vos anguilles : puis aiez oignons cuis par rouelles et percil effueillé, et mettez tout frire en huille; puis broyez gingembre, canelle, giroffle, graine et saffren, et deffaites de vertjus, et ostez du mortier. Puis aiez pain harlé broyé et déffait de purée, et coulez par l'estamine, puis mettez dedans la purée, et faites boulir tout ensemble, et l'assavourez de vin, de vertjus et vinaigre; et soit claret.

Ménagier de Paris

Zutaten
für 4 Personen

1 Aal (ca. 1 kg)
2 große Zwiebeln,
in Ringe geschnitten
1 Bund Petersilie
Öl, Salz

Für die Sauce:
50 g geröstetes,
zerkleinertes Weißbrot
6 EL Wasser
1 Glas guter Rotwein
1/2 TL Ingwer
1/2 TL Zimt
2 zerstoßene Gewürznelken
1 Messerspitze Safran
Salz
Saft einer Zitrone

Den abgezogenen Aal in 4–5 cm lange Stücke schneiden.

In einer Pfanne Öl erhitzen und die Zwiebelringe darin anbraten. Wenn sie hellgelb werden, die Aalstücke dazugeben. Salzen. Wenn sie gar sind, die Fischstücke zusammen mit den Zwiebelringen aus der Pfanne nehmen, auf einen Servierteller geben und bei schwacher Hitze im Backofen warmhalten.

Die grobgehackte Petersilie einige Minuten in dem heißen Öl braten.

Unterdessen den Rotwein mit dem Wasser vermischen und Ingwer, Zimt, zerstoßene Gewürznelken, Safran und Salz hinzufügen.

Die Pfanne vom Herd nehmen, das geröstete, zerkleinerte Brot hineingeben, umrühren und nach und nach unter ständigem Rühren das Wein-Wasser-Gemisch hinzufügen. Die Sauce soll nicht zu dickflüssig werden. Ganz zuletzt den Zitronensaft dazugeben und nochmals erhitzen.

Die leicht säuerliche Sauce über den Fisch gießen oder getrennt in einer Saucière dazu reichen.

Jeder konnte sich aus den fischreichen Gewässern bedienen, wie hier zum Beispiel mit Aalen.

Anguille renversée

ANGUILLE RENVERSÉE RETOURNÉE

Prenez une grosse anguille et l'estauvez, puis la fendez par le dos au long de l'areste d'un costé et d'autre, en telle manière que vous ostiez d'une part l'areste, queue et teste tout ensemble, puis lavez et ploiez icelle à l'envers, c'est assavoir la char par dehors, et soit lié loing à loing : et la mettez cuire en vin vermeil, puis la traiez et couppez le fil à un coustel ou forcettes, et mettez reffoidier sur une touaille, puis aiez gingembre, canelle, clo de giroffle, fleur de canelle, graine, noix muguettes, et broyez et mettez d'une part : puis aiez pain brulé et broyez très bien, et ne soit point coulé, mais déffaites du vin où l'anguille aura cuit, et boulez tout en une paelle de fer, et y mettez du vert-jus, du vin et du vinaigre et gettez sur l'anguille.

Ménagier de Paris

Zutaten
für 6 Personen

1 großer Aal (ca. 1,2 kg)
genügend Rotwein, um den
Fisch zu bedecken
1 Kräutersträußchen
(siehe Seite 66)
1 TL gemahlener Ingwer
1 TL Zimt
Salz, Pfeffer
2 zerstoßene Gewürznelken
Körner aus 4 Kardamom-
schoten
2 EL Semmelbrösel
oder
2 Scheiben geröstetes,
zerkleinertes Weißbrot
etwas Zitronensaft
oder Essig

Den Aal kurz in kochendes Wasser geben. Die Haut links und rechts von der Gräte der Länge nach einschneiden und Kopf, Gräte und Schwanz entfernen.
Den Fisch gründlich waschen. Nun so umdrehen, daß die Haut innen und das Fleisch außen ist, und mit Baumwollfaden umwickeln.
Den Aal mit dem Kräutersträußchen in Rotwein garkochen. Abtropfen lassen, den Faden entfernen und den Fisch auf einem Tuch erkalten lassen.
Ingwer, Zimt, Nelken und Kardamomkörner mit den Semmelbröseln bzw. dem gerösteten Brot vermischen. Das Gemisch mit dem Wein, in dem der Aal gekocht wurde, aufgießen und zum Kochen bringen. Einen Schuß Zitronensaft oder Essig hinzufügen. Etwas einkochen lassen.
Die Sauce über den Aal gießen.
Sehr heiß mit Reis servieren.

HECHTPUDDING

BLANC-MANGER À POISSON

Pour faire blancmanger à poisson, de brochet, de perche ou d'aultre poisson auquel appartient blanc manger, et faictes escaillés, frire à l'uyle ou au beurre. Et prenés amandes, et les défaites comme dessus est dit, et de purée de pois, mettés du vin blanc et les défaire, et du gingembre blanc, et défaictes de vert jus, et succre tant qu'il en y ayt assés, et mettes à part ainsi comme en celluy de chair.

Viandier de Taillevent

Zutaten
für 4 Personen

1 Hecht (ca. 1 kg)
(oder anderer Fisch)
Butter oder Öl
Salz
1 Glas Weißwein
1 kleine Zwiebel
etwas frischer
Thymian
1/2 Lorbeerblatt
120 g gemahlene Mandeln
Saft einer Zitrone
1 TL Puderzucker
1/2 TL gemahlener Ingwer
evtl. 1 EL Crème fraîche

Den Fisch ausnehmen, schuppen, waschen und sorgfältig abtrocknen. Mit Butter oder Öl bestreichen und salzen. Zusammen mit Weißwein, Zwiebel, Thymian und Lorbeer in einen länglichen Fischtopf (am besten mit Drahteinsatz) geben und 20–25 Minuten im vorgeheizten Backofen schmoren lassen.

Den fertig gegarten Hecht aus dem Topf nehmen, Haut und Gräten entfernen. Die Kochflüssigkeit mit den geriebenen Mandeln vermischen und Zitronensaft, Puderzucker und Ingwer sowie das Hechtfleisch hinzufügen. Im Mixer pürieren.

Falls das Gemisch zu trocken erscheint, etwas Wein und Crème fraîche dazugeben.

In einen Topf umfüllen und bei schwacher Hitze unter ständigem Rühren einige Minuten köcheln lassen.

In eine Kastenform füllen, damit die Farce zusammenhält, 15 Minuten stehen lassen und anschließend vorsichtig auf den Servierteller stürzen.

Sie können diesen Hechtpudding auch gut im voraus zubereiten: Füllen Sie die Farce in die Kastenform, decken Sie Alufolie darüber und halten Sie den Pudding im Wasserbad im schwach erhitzten Backofen warm.

Chaudumel au bescuit de brochiez ou de lusiaux

BROCHET AU GINGEMBRE

Rosticiés vostre poisson sur le gril; prennés pain destrempé de purée de pois ou eaue bouillie, vin, verjus, gingembre, saffran; coullés et faites boullir et métés sur vostre grain, et la boullés dedans; et soit jaunet.

Viandier de Taillevent

**Zutaten
für 4 Personen**

1 Hecht (ca. 1 kg)
150 g Butter
Salz

Für die Sauce:
100 g geröstetes,
zerkleinertes Weißbrot
1/2 Glas Wasser
2 Glas Weißwein
Saft einer Zitrone
1 TL gemahlener Ingwer
1 Messerspitze Safran
Salz

Den Hecht ausnehmen, schuppen, waschen und sorgfältig abtrocknen.

Eine flache, feuerfeste Form mit Butter ausstreichen. Den Hecht von allen Seiten mit Butter bestreichen, salzen und in der Form unter den vorgeheizten Grill geben.

Darauf achten, daß der Fisch nicht verbrennt: häufig mit dem sich bildenden Fischsaft übergießen und auf jeder Seite 7–8 Minuten grillen.

Währenddessen die Zutaten für die Sauce zusammen erhitzen. Unter ständigem Rühren 5 Minuten köcheln lassen.

Den Hecht aus der Form nehmen und warmstellen. Die Sauce in die Fischform geben und kurz durchkochen lassen. Abschmecken und bei Bedarf nachsalzen.

Den Hecht zurück in die Form geben und bei schwacher Hitze 5–10 Minuten köcheln lassen. Zudecken, damit der Fisch vom Aroma der Gewürze durchdrungen wird.

HECHT MIT ROSMARIN

Broché au romarin

BROCHET RÔTI AU ROMARIN

Pour brochés au romarin, mettés les bien rotir sur le gril, qui soient tout cuit. Item pour le brouet à mettre sus : vin vermel, vergus, ung bien peu de vinesgre et du gingembre et du romarin, et méttés tout boulir ensamble en telle de terre : et quant les brochés sont cuit, mettés les dedans.

Ménagier de Paris

Zutaten
für 4 Personen

1 Hecht (ca. 1 kg)
2 Scheiben
durchwachsener Speck
1 Glas guter Rotwein
Saft einer halben Zitrone
2 EL Essig
1/2 TL gemahlener Ingwer
1 Zweiglein Rosmarin
Salz

Den Hecht ausnehmen, schuppen, waschen und sorgfältig abtrocknen.

Leicht salzen, wie einen Braten mit den Speckscheiben umwickeln und in einem länglichen, mit Fett ausgestrichenen Schmortopf in den Backofen geben.

In einem zweiten Topf Rotwein, Zitronensaft, Essig, Ingwer und Rosmarin miteinander vermischen. Unter Rühren zum Kochen bringen und 5 Minuten kochen lassen.

Diese Sauce nach 20 Minuten Backzeit über den Fisch gießen und fertiggaren. Falls sie zu dickflüssig erscheint, noch etwas Wein hinzufügen.

Man kann den Rotwein mit den Gewürzen auch von Anfang an an den Fisch geben, damit er nicht ansetzt.

GESCHMORTER HECHT

Brochet a lestuvée

BROCHET EN COCOTTE

Austrement prenes ung brochet gros ou moyen fendu par quartiers ou coupé par tronçons puis boutez en ung chaulderon du verius du beurre frais cloud muguette batue gingembre ung petit de romarin et persil et sauge et goutte de sel et n'oubliez a y bouter une orange ou deulx coupes par rouelles selon la quantité que appresteres dudict brochet.

Livre fort excellent de cuisine

Zutaten
für 4 Personen

1 Hecht (ca. 1 kg)
50 g Butter
Saft einer halben Zitrone
1–2 Orangen
1 Gewürznelke
1 Prise gemahlener Ingwer
1 Prise Cayennepfeffer
1 Zweiglein Rosmarin
1 Bund Petersilie
2–3 Salbeiblätter
Salz

Den Hecht ausnehmen, schuppen, sorgfältig waschen und Milch oder Rogen entfernen. Der Kopf wird nicht mitserviert, verleiht aber dem Gericht Aroma. Sie können die stacheligen Kiemen mit Hilfe eines Geschirrtuchs entfernen.
Den Fisch in dicke Scheiben schneiden.
In einem Schmortopf die Butter zum Schmelzen bringen. Die Hechtstücke darin anbraten und mit dem Zitronensaft beträufeln.
Mit Salz und den Gewürzen bestreuen, die Salbeiblätter, den Bund Petersilie und den Rosmarin hinzufügen.
Die ungeschälte Orange sorgfältig waschen und abreiben, in dünne Scheiben schneiden. Ebenfalls in den Topf geben. Zudecken.
Wenn der Hecht gar ist, Petersilie, Salbei und Rosmarin entfernen.
Die Fischstücke auf einem Servierteller anrichten, die Sauce und die Orangenscheiben darübergeben.
Sehr heiß servieren. Körnigen Reis dazu reichen.

MUSCHELRAGOUT

Sivé d'oitres ou de moule

CIVET DE MOULES

Prenés pain roti sur le gril, et mettez tremper en pourée et prenés le pain, vinesgre et la mains de vergus et du vin, canelle le plus et gingembre, et peu de menus éspéces, et coules tout ensamble : et au boulir oignons fris et du safen et le faites bien boulir; et quant il est cuit, mette le en ung pot de terre, et frisiés les oitres ou les moules, et mettés les boulir avec le brouet.

Ménagier de Paris

N.B. : Cette même recette (sivé d'oeus fris) est à l'origine de la recette des « œufs en meurette ».

Zutaten für 4 Personen

1 1/2 kg Miesmuscheln
oder
12 Austern pro Person
4 EL Öl
4 Glas Weißwein
2 EL Weinessig
Saft einer Zitrone
150 g geröstetes,
zerkleinertes Weißbrot
4 Zwiebeln,
sehr fein gehackt
1 TL Zimt
1/2 TL gemahlener Ingwer
1/2 TL »Quatre épices«
(gemahlene Nelken,
Ingwer, Pfeffer und
Muskat)
1 große Prise Safran
Salz

Die Miesmuscheln gründlich unter fließendem Wasser abbürsten, bereits geöffnete wegwerfen.

Die Muscheln in einen großen, mit Öl ausgestrichenen Topf geben und stark erhitzen, bis sie sich öffnen. Das Kochwasser durch ein Sieb geben und aufbewahren. Die Muscheln aus den Schalen lösen und diese beiseite stellen.

Das Brot in dem Muschelwasser mit Essig und Zitronensaft einweichen.

Die Zwiebeln in etwas Öl andünsten und bei schwacher Hitze unter Rühren glasigbraten – sie dürfen nicht dunkel werden.

Das eingeweichte Brot, die gebratenen Zwiebeln, den Weißwein und die Gewürze vermischen. Im Mixer pürieren. Falls die Sauce zu fest erscheint, etwas Wasser hinzufügen. Die Mischung in einen Topf geben und mindestens 10 Minuten köcheln lassen.

Salzen und wenn nötig nochmals abschmecken.

Die Muscheln in die Sauce geben und darin erhitzen.

Sofort auftragen und gekochten Reis, Weißbrot-Croûtons oder Blätterteig- Croissants dazu reichen.

Lamproie boulie

CIVET DE LAMPROIE

Il est assavoir que les aucuns saignent la lamproie avant ce que ils les estauvent, et aucuns les estauvent avant ce qu'ils les saignent ne eschaudent.

Pour la saigner, premièrement lavez très bien vos mains, puis fendez-lui la gueule parmy le menton, id est joignant du baulièvre, et boutez vostre doit dedens et arrachez la langue, et faites la lamproie saignier en un plat, et lui boutez une petite brochette dedans la gueule pour la faire mieux saigner. Et se vos dois ou vos mains sont touilliés de sang, si les lavez, et la plaie aussi, de vinaigre, et faites couler dedans le plat et gardez ce sang, car c'est la gresse.

Saignez-la comme devant est dit, et gardez le sang : puis la mettez cuire en vinaigre et en vin plain* et un pou d'eaue, et quand elle sera cuite verdelette, si la traiez hors du feu et la mettez reffroidier sur une nappe; puis prenez pain brulé et deffaites de vostre boullon et coulez parmi une estamine, et puis mettez boulir le sang avec, et mouvez bien qu'il n'arde : et quand il sera bouly, si versez en un mortier ou en une jatte nette, et mouvez tousjours jusques à tant qu'il soit reffroidié; puis broyez gingembre, canelle, fleur de canelle, giroffle, graine de paradis, noix muguettes et poivre long, et deffaites de vostre boullon, et mettez dedans un plat comme dit est devant; et doit estre noir.

Ménagier de Paris

Zutaten
für 5–6 Personen

1 Neunauge (ca. 1,5 kg)
das Blut des Fisches
2 EL Weinessig
2 EL Entre-deux mers
so viel Sauternes
wie Fischblut
1 kg Porree
(nur das Weiße)
1 große Scheibe Weißbrot
1 Prise gemahlener Ingwer
1 Prise Zimt

Im Unterschied zum Aal haben Neunaugen, auch Lampreten genannt, zwei Rückenflossen, und ihr Fleisch ist weniger fett. Sie steigen zum Laichen in die Flüsse. Im Mittelalter waren sie als Delikatesse hoch geschätzt.

Ein kulinarischer Experte von heute, James le Coquet, beschreibt die etwas unangenehme Prozedur des Entschleimens und Ausblutens:

Der Fisch wird zunächst in eine Kiste mit rauhen Innenwänden gesteckt und mit heißem Wasser übergossen, so daß er sich zusammenzieht und sich selbst von der schleimigen Substanz, die ihn umgibt, reinigt.

1 Prise Cayennepfeffer
1 Gewürznelke
einige Kardamomkörner
Salz
Pfeffer

Dann hängt man ihn an der Schwanzflosse auf und schneidet den Kopf ab, um das Blut auffangen zu können.

Das Neunauge »à la Bordelaise« wird mit zwei verschiedenen Weißweinen, dem trockenen Entre-deux-mers und dem süßen Souternes, sowie mit dem Fischblut und viel Porree zubereitet.

Das Neunauge wie oben beschrieben vorbereiten und ausbluten lassen. Dabei in die Schüssel, in der das Blut aufgefangen wird, den Essig geben und mit einer Holzgabel oder einem Holzlöffel ständig rühren, damit das Blut nicht vorzeitig gerinnt.

Den Fisch in Stücke schneiden.

Die Porreestangen waschen und das Weiße in gleich lange Stücke schneiden wie den Fisch. Die Gemüsemenge sollte etwa der Fischmenge entsprechen.

Die beiden Weißweinsorten in einen Topf geben, salzen, pfeffern und Fisch und Porree darin garen. (Nur wenn unbedingt nötig etwas Wasser hinzufügen.)

Die Fisch- und Porreestücke herausnehmen und warmstellen.

Eine große Scheibe Weißbrot rösten und fein zerkleinern.

Mit einigen Löffeln von dem Fischsud gründlich verrühren und diese Mischung zu dem Fischsud in den Topf geben, wieder zum Kochen bringen und die Sauce unter ständigem Rühren einkochen lassen.

Mit den Gewürzen so abschmecken, daß der Eigengeschmack der Sauce nicht überdeckt, sondern hervorgehoben wird.

Die Sauce nochmals kurz aufkochen lassen, Fisch und Porreestücke damit übergießen und heiß servieren.

KALTER STÖR ODER LACHS

E sturgeon boully

ESTURGEON OU SAUMON FROID AU COURT-BOUILLON

L esturgeon est le poisson de la mer qui est prefere aulx aultres et ce doit cuyre en ceste facon / prenez bon vin verius et vinaigre et sel sauge et ysope fenouil et le faire fort cuyre et quant il est cuyt laisses le refroidir et mengez au persil et vinaigre.

Livre fort excellent de cuisine

Man rechnet 200 g Fisch pro Person

Für den Fischsud:
1 Flasche herber Weiß-wein
1 Glas Weinessig
Salz
4 Salbeiblättchen
3 Zweiglein Ysop
2–3 Fenchelstengel
mit Blattgrün

Leider ist der Stör wegen der Verunreinigung der Flüsse, in denen er sich zum Laichen aufhält, in Mitteleuropa sehr selten geworden. Aber das Rezept eignet sich auch gut für Lachs.

Den Fisch vorbereiten und waschen. In einen Fischtopf geben.
Alle Zutaten für den Fischsud hinzufügen und noch etwas kaltes Wasser dazugeben, so daß der Fisch bedeckt ist.
In dem schwach siedenden Sud köcheln lassen, bis die Haut sich vom Fisch löst. Man rechnet eine Viertelstunde Garzeit pro halbes Kilo Fisch.
Den Fisch im Kühlschrank kaltstellen.
Eine Petersilien-Vinaigrette dazu reichen.

STEINBUTT ODER SCHOLLE

Turbot - Plye

TURBOT ou PLIE

Le turbot se cuyt pareillement. Et aussi faict la barbue.
La plye se peut cuyre en pareil boullon. Mais elle ne se veult pas tant cuyre.
Le turbot aussi Lesturgeon sont bons en paste.

Livre fort excellent de cuisine

Steinbutt wird wie Lachs oder Stör zubereitet.

Scholle wird im gleichen Fischsud wie der Stör gekocht, hat jedoch eine wesentlich kürzere Garzeit.

Cive d'oïttres

HUÎTRES CHAUDES

Eschaudez et lavez très bien les oïttres, les cuisiez pour un seul boullon, et les mettez esgouter, et les friolez avec de l'oignon cuit en huile; puis prenez pain harlé ou chapelleures grant foison, et mettez tremper en purée de pois ou en l'eaue boulie des oïttres et du vin plain, et coulez : puis prenez canelle, giroffle, poivre long, graine et saffran pour donner couleur, broyez et destrempez de vertjus et vinaigre et mettez d'une part puis broyez vostre pain harlé ou chappeleures avec la purée ou eaue des oïttres et aussi les oïttres puis qu'elles ne seraient assez cuites.

Ménagier de Paris

Zutaten
für 4 Personen

36 Austern
4 kleine Zwiebeln
2 Scheiben Weißbrot
50 g Butter
1 Glas trockener
Weißwein
Saft einer halben Zitrone
2 Prisen Zimt
1 zerstoßene Gewürznelke
1 Prise Cayennepfeffer
evtl. 1 Prise Safran
Kardamomkörner
aus 4 Schoten
Salz
evtl. Crème fraîche

Die Austern aus ihren Schalen lösen, entbarten und im eigenen Wasser nicht länger als 1–2 Minuten pochieren. Abtropfen lassen, das Kochwasser durch ein feines Sieb passieren und aufbewahren.
In einer Pfanne die feingehackten Zwiebeln in der Butter hellgelb anbraten und die Austern hinzufügen.
Das Weißbrot in Wein einweichen und das passierte Austernwasser dazugeben.
In einer kleinen Schüssel die Gewürze zunächst mit dem Zitronensaft und anschließend mit dem eingeweichten Brot vermischen. In einen Topf geben, salzen und 5–10 Minuten einkochen lassen. Die Austern und die Zwiebeln dazugeben und weitere 5 Minuten kochen lassen.
Vor dem Servieren können Sie zur Verfeinerung einen gestrichenen Eßlöffel Crème fraîche an die Sauce geben.

Ich würde Ihnen raten, den Safran wegzulassen, den auch der Autor des Originalrezeptes nur der Farbe wegen empfiehlt.

SCHMERLEN MIT STACHELBEEREN

Louche

LOCHES AUX GROSEILLES À MAQUEREAUX

Soit cuite en aigue : et premiérement, cuisiez du fromaige et du perressi avec ung pol de vin, et qu'il ne soit pas du tout cuit, et eschauder très bien la louche, et puis la mecter avec vostre fromaige boulir, et il mecter, à dressiez, du verjus de grain, ou des grousselles cuites en aigue.

Livre fort excellent de cuisine

Zutaten
für 4–6 Personen

1 kg Schmerlen
(oder Gründlinge)
1/2 kg Stachelbeeren
Für den Fischsud:
genügend Wasser,
um die
Fische zu bedecken
Essig bzw. Zitrone
Thymian, Petersilie
Lorbeer
1 Karotte, 1 Zwiebel
1 Knoblauchzehe
Salz, Pfeffer

2 Glas Weißwein
50 g geriebener Parmesan
2 EL gehackte Petersilie
3 Stück Würfelzucker
1 nußgroßes Stück Butter

Schmerlen sind kleine karpfenähnliche Flußfische aus der Familie der Gründlinge oder Grundeln.

Den Fischsud kochen lassen. Die Fische ausnehmen, waschen und sorgfältig abtrocknen.
Die Stachelbeeren waschen und 5 Minuten in kochendem Wasser blanchieren.
Die Fische in dem Sud 6–8 Minuten kochen lassen. Abtropfen lassen.
Den Wein, den Parmesan und die Petersilie in eine feuerfeste Form geben. Wenn die Mischung zu dickflüssig erscheint, mit etwas Fischsud verdünnen. Gründlich verrühren und zum Kochen bringen.
Die Fische, die Stachelbeeren und den Zucker hinzufügen.
Mit Butterflöckchen besetzen und 15 Minuten im Backofen backen.

In dem Gericht ›Makrele mit Stachelbeersauce‹ hat sich die Kombination von Fisch mit Stachelbeeren in der französischen Küche bis heute erhalten. (Daher auch die französische Bezeichnung ›groiselle à maquereaux‹ für Stachelbeere.)

73

OMELETT MIT KABELJAU

OMELETTE DE MORUE FRAÎCHE

Aussi de morue fresche, s'aucune partie en demeure pour le soir ou pour l'endemain, faictes-en de la charpie et le frisez à pou de beurre, et puis ostez de la paelle, et puis vuidiez tout le beurre que riens n'y demeure, et la refrisiez à sec, et filez pardessus des œufs batus : puis mettez en plateaux ou escuelles et pouldre fine pardessus. Et s'il n'y a œufs, si se fait-il bien.

Ménagier de Paris

Zutaten
für 2 Personen

200 g gekochter Kabeljau
50 g Butter
3 Eier
1 Prise Gewürzmischung
(siehe S. 199)
Salz
Pfeffer

Dieses Omelett läßt sich gut aus Resten von Kabeljau zubereiten.

Den gekochten Fisch in mundgerechte Stücke schneiden und in einer Pfanne in etwa 30 g Butter braten.

Auf Küchenpapier entfetten, auf einen Teller geben und warmhalten. Die Butter aus der Pfanne weggießen.

Die Eier kräftig miteinander verrühren, salzen und pfeffern.

Die restliche Butter in der Pfanne erhitzen. Die verrührten Eier hineingeben und nach einigen Sekunden die Fischstücke darauf verteilen, dabei die Pfanne hin und wieder schütteln, damit das Omelett nicht ansetzt.

Mit der Gewürzmischung bestäuben.

Das Omelett fertigbacken – es soll noch cremigfeucht sein – und servieren.

Knoblauch wuchs in den Gärten und wurde in der mittelalterlichen Küche häufig und zuweilen allzu reichlich verwendet.

ROCHEN MIT SAUCE

Aulx camelins pour raye

RAIE SAUCE À L'AIL

Broyez gingembre, aulx et croustes de pain blanc trempées en vinaigre, ou pain ars, et déffaites de vinaigre; et se vous y mettez du foye, il en vaudrait mieux.

Ménagier de Paris

Zutaten
für 4 Personen

1 kg Rochen
(von der Flügelflosse)
1 Rochenleber

Für den Fischsud:
Wasser, Essig
Petersilie, Thymian
Lorbeer
1 Karotte, 1 Zwiebel
1 Knoblauchzehe
Salz, Pfeffer

2 große Knoblauchzehen
1/2 TL gemahlener Ingwer
2 TL Weinessig
30 g Weißbrot

Den Fischsud mit den angegebenen Zutaten kochen lassen.
Den Fisch mit der Leber in dem Sud garen. Herausnehmen und auf einem Servierteller warmhalten.
In einer Schüssel das Brot in dem Essig einweichen. Den Ingwer, die kleingehackten Knoblauchzehen und die Fischleber hinzufügen und alles im Mixer pürieren.
Mit etwa einem halben Liter des Fischsuds verrühren. In einen Topf umfüllen und kochen lassen, bis eine glatte, dickflüssige Sauce entsteht. Mit Salz abschmecken.
Die Sauce getrennt zu dem Fisch reichen.

FISCH-GEMÜSE-PASTETE

Escheroys

PÂTÉ DE POISSON AUX SALSIFIS

Lavez-les en deux ou trois paires d'eaues chaudes, puis les enfarinez et les frisiez en huille.

Item, après ce, aucuns les mettent en pasté avec grant foison d'oignons et tronçons de harenc ou d'anguille et pouldre.

Escheroys les plus nouveaulx mis hors de terre et bien tirés, cueillis en janvier, février, etc., sont les meilleurs, et sont les plus frais congneus à ce que au player, ils se rompent, et les viels tirés hors de terre se ployent. Il les convient rere et oster le mauvais au coustel comme on fait les navets, puis les convient laver trés bien en eaue tiède, puis pourboulir un petit, puis les mettre essuier sur une touaille, puis enfleurer, puis frire, puis drecier par petits platelets arrangéement, et mettre du succre dessus.

Ménagier de Paris

Zutaten
für 4 Personen

500 g Fischfilet
500 g Schwarzwurzeln
2 EL Mehl
2 große Zwiebeln
4 EL Olivenöl
1 TL Gewürzmischung
(siehe S. 199)
Salz
Pfeffer
1 nußgroßes Stück Butter

Die geschälten, gewaschenen und abgetrockneten Schwarzwurzeln in Stücke schneiden. Leicht in Mehl wenden. – Die Zwiebeln schälen und feinhakken. In einer Pfanne das Öl erhitzen, Schwarzwurzeln und Zwiebeln darin weichdünsten. Auf Küchenpapier entfetten. – Eine Pastetenform reichlich mit Butter ausstreichen, eine Schicht Gemüse und eine Schicht Fischfilets hineingeben und etwas Gewürzmischung, Salz und Pfeffer darüberstreuen. In dieser Reihenfolge fortfahren, bis die Zutaten aufgebraucht sind. – Mit Butterflöckchen besetzen, die Form mit Alufolie verschließen und den Deckel daraufgeben. Im vorgeheizten Backofen etwa 1 Stunde im Wasserbad garen. – Mit frischem Salat servieren.
Sie können diese Pastete auch in einer dünnen Mürbeteig- oder Blätterteighülle zubereiten.

AALPASTETE

Tarte jacobine

PÂTÉ D'ANGUILLES

Prenez des anguilles et les eschaudez et tronçonnez par petits tronçons qui n'aient que demy doit d'espois, et prenez de la cloche, du frommage de gain esmié, et puis cela soit porté au four et que l'en face une tarte, et que l'en pouldre du frommage au fons, et puis que l'en mette l'anguille debout, et puis du frommage un lit, et puis un lit de cols d'escrevices, et toujours, tant comme chascun durera, un lit d'un et un lit d'autre. Et puis boulez du lait, et puis boulez du saffran et du gingembre, graine, giroffle et puis destrampez du lait, et puis mettez dedans la tarte quant elle aura été un pou au four, et mettez du sel dedans le lait, et qu'elle ne soit point couverte; et pongnez les piés des escrevices, et faites un joly couvescle à par soy, pour mettre dessus quand elle sera cuite.

Ménagier de Paris

Zutaten
für 6 Personen

200 g Mürbeteig
(siehe S. 168)
1 Aal (gut 1,2 kg)
oder mehrere kleine
24 Flußkrebse
oder Langustinen
oder Rosa Garnelen
150 g geriebener Gruyère
250 g Sahnequark
1 Glas Milch
1 Stückchen Ingwerwurzel,
frisch gerieben, oder
2 TL gemahlener Ingwer
1 Messerspitze Safran
4 zerstoßene Gewürznelken
Salz, Pfeffer

Den Fischsud kochen lassen.
Den Aal beim Fischhändler abziehen und in 4–5 cm lange Stücke schneiden lassen.
Die Fischstücke in den Sud geben und zehn Minuten köcheln lassen. Herausnehmen und die Flußkrebse in dem Sud garkochen. Die Flußkrebse herausnehmen, aus den Schalen lösen und Scheren und Schalen aufbewahren.
2 Tassen Fischsud mit Zwiebeln, Knoblauch, Karotte und den Gewürzen in einen Topf geben. Die Scheren und Schalen der Krebse darin zum Kochen bringen und den Sud 15 Minuten einkochen lassen.
Eine Tortenform reichlich mit Butter ausstreichen und mit dem ausgerollten Mürbeteig auslegen. Den Quark mit etwas Salz verrühren und den geriebenen Käse daruntermischen.
Den eingekochten Fischsud mit den Garnelenschalen und -scheren und dem Gemüse im Mixer pürie-

Für den Fischsud:
1–1 1/2 l halb Wasser,
halb Weißwein
2 Zwiebeln, 1 Karotte
2 Knoblauchzehen
Thymian, Lorbeer
4 Kardamomschoten
1 Prise Cayennepfeffer
1 TL Korianderkörner
Petersilie
Salz, Pfeffer

ren und durch ein sehr feines Sieb oder ein Tuch passieren. Ingwer, Gewürznelken und Safran dazugeben und mit der Milch vermischen.

Den Mürbeteig der Reihe nach belegen mit einem Drittel des Quarks, einer Schicht Aalstücke, einem weiteren Drittel des Quarks, den Flußkrebsen und dem restlichen Quark.

Gut 10 Minuten in den vorgeheizten Backofen geben. Herausnehmen und die gewürzte Milch über die Pastete gießen.

Die Hitze reduzieren und die Pastete nochmals 25 bis 30 Minuten backen.

Falls Sie Rosa Garnelen verwenden, pürieren Sie sie mit ihren Eiern, zwei gehäuften Eßlöffeln Crème fraîche, Salz und Pfeffer. (Sie können diese Mischung mit 2–3 Eßlöffeln Fischsud geschmeidiger machen.)

Variante: Soll die Pastete gehaltvoller sein, versehen Sie sie mit einem Teigdeckel; dann brauchen Sie 100 g Mürbeteig mehr. Vor dem Backen den Teigdeckel mit einer Mischung aus 1 Eigelb, 2 Eßlöffeln Milch und einer kleinen Prise Safran bestreichen.

Leider kommen Kalbsfüße heute nur noch selten auf unseren Tisch

RINDERRAGOUT

Cyvé

BOURGUIGNON DE BŒUF

Cyvé, soit hallé en broche tout creu ou sur le gril, sans laisser trop cuyre, puis despeçés par piéce et mettés souffrire en sain de lart avecques oygnons menusmainçés; puis prenés pain hallé sur le gril, deffaites de vin et de boullon de beuf et de purée de poys, faictes boullir avec vostre grain; puis affinés gingembre, canelle, girofle, graine de paradis, et saffran pour donner couleur; deffaictes de vertjus et de vin aigre, et fort despices.

Viandier de Taillevent

Zutaten
für 4–5 Personen

1 kg Rindfleisch
(aus der Keule),
in Würfel geschnitten
100 g durchwachsener
Speck
Butter oder Schmalz
1 Glas guter Rotwein
2 Zwiebeln,
in Ringe geschnitten
etwas Zitronensaft
1/2 TL Zimt
1/2 TL gemahlener Ingwer
2 Gewürznelken
Kardamomkörner
aus 4 Schoten
Salz
Pfeffer

Den Speck fein würfeln und in einem nußgroßen Stück Butter oder Schweineschmalz auslassen. Die Zwiebeln hinzufügen und glasig braten. Schließlich das Rindfleisch dazugeben und von allen Seiten anbräunen.

Mit dem Rotwein aufgießen, salzen, pfeffern und zugedeckt bei schwacher Hitze schmoren lassen.

Nach etwa 3 Stunden die Gewürze und etwas Zitronensaft hinzufügen. Die Sauce wenn nötig mit etwas Wasser verdünnen.

Falls sie jedoch zu dünnflüssig erscheint, ein wenig Mehl oder etwas geröstetes, zerkleinertes Weißbrot sowie zusätzlich noch etwas Zimt und Ingwer hinzufügen.

KALBSRAGOUT

Brouet georgé

RAGOÛT DE VEAU

Prenez poulaille despecée par quartiers, veau ou telle char comme vous vouldrez
despéciés par piéces, et faites boulir avec du lart : et d'autre partaiez en un pot, avec
du sain, oignons menus minciés qui y cuiront et friront Aiez aussi du pain harlé sur
le greil, puis le mettez avec du boullon de votre char et du vin dedans, puis broyez
gingembre, canelle, poivre long, saffren, giroffle et graine et les foies, et les broyez
si bien qu'il n'y convengne point couler : et destrempez de vertjus, vin et vinaigre.
Et quant les espices seront ostées du mortier, broyez vostre pain, et si le deffaites de
ce en quoy il a trempé, et coulez pas l'estamine, et mettez espices et du percil
effeullié qui veult, tout boulir avec le sain et des oignons, et adonc frisiez vostre
grain. Et doit ce potage estre brun de sain et liant comme soringue.

Ménagier de Paris

Zutaten
für 4–5 Personen

1 kg Kalbfleisch
100 g durchwachsener
Speck
Schmalz, Butter oder Öl
100 g Leber (vom Kalb,
Lamm oder Geflügel)
3 Zwiebeln,
in Ringe geschnitten
100 g geröstetes,
zerkleinertes Weißbrot
Salz, Pfeffer
Saft einer halben Zitrone
2 EL Weinessig
oder Weißwein
1/2 TL gemahlener Ingwer
1/2 TL Zimt, 2 Gewürz-
nelken, etwas Safran
Kardamomkörner
aus 4 Schoten

Den Speck würfeln und mit etwas Fett in einem
Topf glasig braten. Die Zwiebeln und die Fleischstücke dazugeben. Wenn sie Farbe angenommen
haben, knapp mit Wasser bedecken, salzen, pfeffern, den Wein (bzw. Weinessig) und die Gewürze
hinzufügen.
Mindestens 1 1/2 Stunden bei schwacher Hitze köcheln lassen. Eventuell etwas Wasser oder Wein
nachgießen.
Die Leberstücke 5 Minuten mitgaren lassen.
In einer Schüssel das geröstete Brot in etwas
Fleischsaft einweichen. Sorgfältig ausdrücken, bis
es kaum mehr Flüssigkeit enthält. Zusammen mit
der Leber im Mixer pürieren. Mit etwas Zitronensaft
und Fleischsaft verrühren und mit Ingwer und Zimt
abschmecken. Die Mischung zu dem Fleisch und
den Zwiebeln in den Topf geben. Gründlich umrühren und die Sauce bei schwacher Hitze dicklich einkochen lassen.
Sehr heiß servieren.

KALBFLEISCHTERRINE
Paste en pot
TERRINE DE VEAU

Pour faire paste en pot le feras de ceste façon tu prendras ung gigot de mouton avec de gresse de beuf et le faictz hacher bien deslye ce faict le bouteras en ung pot avec bon boullon pour espices/canelle muscade cloud de giroffle gingembre et menues espices et gouttes de sel noublyes a boutter force de chastaignes en la sayson.

Paste en pot de veau : pour faire paste en pot de veau le feras comme celuy dessus nomme. Sinon que tu y bouteras du saffran et force moyeulx dœufz durs lardes de beaulx clouds de girofle.

Livre fort excellent de cuisine

Zutaten
für 6 Personen

1 kg Kalbfleisch
aus der Keule
150 g fetter Speck
4 Eigelb
von hartgekochten Eiern
4 Gewürznelken
100 g gekochte Kastanien
1 Tasse Fleischbrühe
2 Prisen Zimt
2 Prisen gemahlener
Ingwer
2 Prisen gemahlene
Muskatnuß
2 Prisen gemahlener
Kümmel
1 Messerspitze Safran
Kardamomkörner
von 4 Schoten

Kalbfleisch und Speck durch den Fleischwolf drehen oder im Mixer zerkleinern, die Kastanien pürieren. Fleisch, Kastanien und Gewürze sehr gründlich miteinander vermischen. 1 Tasse Fleischbrühe hinzufügen – wenn die Masse zu fest erscheint, etwas mehr.

Eine Pastetenform mit Butter ausstreichen und die Hälfte der Farce hineinfüllen.

Je eine Nelke in die gekochten Eigelb stecken und diese nebeneinander auf die Farce setzen. Mit dem Rest der Farce bedecken.

Den Deckel auf die Form geben und den Rand mit einem Teigstreifen aus Mehl und Wasser hermetisch verschließen.

Die Terrine für mindestens 1 Stunde im Wasserbad in den vorgeheizten Backofen schieben. Wenn sich der Teigstreifen goldbraun färbt, ist das Gericht gar. Etwas abkühlen lassen und aus der Form nehmen.

Die Terrine wird kalt mit einem Salat serviert.

GEFÜLLTE HAMMELSCHULTER

Espaule de mouton

ÉPAULE DE MOUTON FARCIE

Poue farcir espaule de mouton, soit l'espaule rostie en broche, et non pas fort cuyte, et la tirès, et ostès toutes les peaux par dessus, et hachès le plus menu que faire se pourra avec du lard cuyt et ung foye de cochon et du percil largement ysope, pouliot et marjolaine crue; que tout soit hâché avec l'espaule et huyt moyeulx d'eufz à la farce, et qui veult, on y met du gingembre, du sucre et du sel; et dois garder l'os de l'espaule tout dégarny de chair, sain et entier; et puis ayès une taye de veau ou de mouton, la plus maigre que vous trouverès, et lestendès sur ung ays bien net, et mettès la moityé de la farce sur la taye de veau ou de mouton, et puis prenès l'os de l'espaule et frapès dessus tant qu'il entre dedens; et après, prenès le surplus de la farce et faictes en façon de l'espaule, et puis remettès les hors de la taye sur l'autre, et deux ou trois petites brochètes de boys pour les tenir epuis mettès la sur le gril a petit feu, longuement, et, ce fait, la dorès de moieux d'eufz d'ung costé et d'autre d'une plume; quand ce sera fait, la mettès en ung plat et en servés au derrenier.

Viandier de Taillevent

Zutaten
für 6 Personen

1 Hammelschulter
Öl oder Butter zum Braten
100 g durchwachsener Speck
250 g Kalbs-, Lamm- oder Geflügelleber
1 Bund Petersilie
2 EL frische Minzeblätter
1 kleiner TL Ysopblätter
1 große Prise Majoran
5 Eigelb
1/2 TL gemahlener Ingwer
1 TL Puderzucker
Salz
1 Schweinenetz

Dieses Rezept, das in mehreren mittelalterlichen Kochbüchern auftaucht, wird von einem der Autoren nur kurz genannt, aber nicht weiter ausgeführt: Da die Zubereitung viel zu viel Arbeit mache und daher nicht für Bürgersleute oder einfache Ritter tauge, wolle er sich gar nicht erst damit befassen, schreibt der ›Ménagier de Paris‹ Ende des 14. Jahrhunderts. Aber so kompliziert ist das Rezept gar nicht – urteilen Sie selbst!

In einem Bratentopf mit etwas Öl oder Butter die Hammelschulter im Backofen bei starker Hitze eine halbe Stunde von allen Seiten anbraten.
Auf die Arbeitsfläche geben und den Knochen herauslösen (wenn nötig auch das Fett entfernen). Den Knochen aufbewahren.

Das Hammelfleisch, die rohe Leber und den Speck (den Sie zuvor in kochendem Wasser 5 Minuten blanchieren können, damit er Fett verliert) durch den Fleischwolf drehen. In einer Schüssel mit dem Eigelb vermischen und die gehackten Kräuter, den Zucker, Ingwer und Salz darunterrühren.

Das Netz auf der Arbeitsfläche ausbreiten und die Hälfte der Fleischmasse in die Mitte geben. Darüber den Knochen legen und diesen wiederum mit der restlichen Fleischmasse bedecken. Nun dem gehackten Fleisch etwa die Form einer Hammelschulter geben und das Netz darüber zusammenlegen. Mit Hilfe von Holzstäbchen (Zahnstochern) befestigen. (Das sieht hübsch aus, aber der Einfachheit halber kann man das Netz auch mit Baumwollfaden befestigen.)

Mindestens 1 Stunde am Spieß braten.

Nach der Hälfte der Garzeit den Braten evtl. von allen Seiten mit einem Eigelb bestreichen, damit er eine schöne goldbraune Farbe bekommt.

HAMMELRAGOUT MIT HONIG

Mamonia

MOUTON AU MIEL ET AUX AMANDES

De mamonia : ad mammoniam, recipe carnes castratinas bene lixas. Et remotis ossibus, tere et pone ad coquendum cum lacte amigdalarum et speciebus et melle et riso intégro. Sit bene spissum ad modum risi. Et colora sicut uis.

Liber de Coquina

Zutaten
für 6 Personen

1 Hammelschulter
(ca. 1,5 kg)
150 g flüssiger Honig
100 g gemahlene Mandeln
1 EL geriebene
Ingwerwurzel
1 Zimtstange
1 Messerspitze Safran
10 kleine Zwiebeln
3 EL Öl
Salz
Pfeffer

Die Knochen schon vom Metzger auslösen lassen. Das Fleisch in Stücke schneiden und in dem heißen Öl anbraten. Die Zwiebeln dazugeben und goldbraun braten.

Fleisch und Zwiebeln in eine feuerfeste Form geben, den Honig über die Fleischstücke gießen, salzen, pfeffern und mit Ingwer bestreuen. Den Safran hinzufügen und das Fleisch mit Wasser bedecken; die Zimtstange und die gemahlenen Mandeln dazugeben.

Die Form mit Alufolie verschließen und in ihrer Mitte eine kleine Öffnung anbringen, damit der Dampf entweichen kann.

Ungefähr 2 Stunden bei mittlerer Hitze im Backofen garen.

Körnigen Reis dazu reichen.

ZWEIFARBIGES HAMMELRAGOUT

Potage parti ou faulx grenon

CIVET DE MOUTON BICOLORE

Prenez une cuisse de mouton ou foies et jugiers de poulailles, et les mettez cuire trés bien en eaue et en vin, et les tranchez comme quarrés : puis broyez gingembre, canelle, giroffle et un pou de saffren et graine de paradis et déffaites de vin et de vertjus, du bouillon de char, (de celluy mesmes ou de la char à cuire) et puis ostez du mortier; puis aiez pain hazé trempé en vin et vertjus, broyez trés bien, et aprés ce le passez par l'estamine, et faictes tout boulir ensemble, puis prenez la char et la frisiez au lart et la gettez dedans, et prenez dedans moieux d'œufs passés par l'estamine et gettez dedans pour lier. Et aprés dréciez par escuelles, et gettez dessus pouldre de canelle et sucre : c'est assavoir gettez sur la moitié de l'escuelle et non sur l'autre; et l'apelle-l'en Potage parti.

Ménagier de Paris

N.B. : De cette seule recette, j'ai tiré deux recettes voisines, mais avec des modifications selon qu'il s'agit de la « cuisse de mouton » ou des « foies et jugiers de poulailles ».

Zutaten
für 4 Personen

700–800 g Hammel
Schulter
2 Glas Weißwein
1 Glas Wasser
etwas Zitronensaft
1 Eigelb
1 TL Zimt
1 TL gemahlener Ingwer
1 TL Kardamomkörner
4 zerstoßene Gewürznelken
1 Prise Safran, Salz
2 dünne Scheiben
geröstetes Weißbrot
1 EL Butter oder 2 EL Öl

Zum Überstäuben:
Zimt und Zucker

Das Fleisch in Würfel schneiden, in einen Schmortopf geben und knapp mit dem Wein-Wasser-Gemisch bedecken. Salzen und 1 Stunde kochen. Aus dem Topf nehmen und abtropfen lassen.
In einer Schüssel die Gewürze miteinander vermischen und mit etwas Kochflüssigkeit verrühren. Die Mischung in den Schmortopf geben und die Flüssigkeit zum Kochen bringen.
In einer Pfanne das Fett erhitzen und das Hammelfleisch darin goldbraun braten.
Auf einem Servierteller anrichten und warmhalten.
Im Mixer das geröstete Brot mit etwas Kochflüssigkeit pürieren, mit einem Eigelb und etwas Zitronensaft verrühren und an die Sauce geben. Kurz aufkochen lassen und über das Fleisch gießen.
Die eine Hälfte des Gerichts mit Zimt, die andere mit Zucker bestreuen.

HAMMELKEULE IM TEIGMANTEL

Pastes de gigotz de mouton

GIGOT DE MOUTON EN PÂTE

Prenés le gigot et le lardés bien de clou de girofle, et mettés dessus et dessoubz de
lesches de lart; et que la croste soit forte et espesse, affin que la substance n'en ysse.

Viandier de Taillevent

Zutaten
für 6 Personen

1 Hammelkeule (ca 1 1/2
kg)
4 Gewürznelken
Salz
Pfeffer
6 dünne Scheiben
durchwachsener Speck
500 g Mürbeteig (siehe S.
168)

Die Hammelkeule mit den Nelken spicken und mit
den Speckscheiben umwickeln.
15 Minuten auf den vorgeheizten Grill legen, dabei
mehrfach wenden.
In der Zwischenzeit den Teig auf der leicht bemehlten Arbeitsfläche ausrollen.
Die Hammelkeule aus dem Backofen nehmen, den
Speck beiseite legen.
Die Keule auf den ausgerollten Mürbeteig setzen,
salzen, pfeffern und mit dem Teig umwickeln.
Auf ein mit Butter ausgestrichenes Backblech legen
und wieder in den Backofen geben. 35–40 Minuten
backen, bis die Kruste goldbraun ist.
Mit den Speckscheiben garniert servieren.

Falls Sie die Reste der Keule wieder aufwärmen
sollten, entfernen Sie bitte die Gewürznelken.

GEFÜLLTES SPANFERKEL

Pourcelet farci

PORCELET FARCI

Le pourcelet tué et acouré par la gorge soit eschaudé en eaue boulant, puis pelé : puis prenez de la char meigre du porc, et ostez le gras et les issues du pourcelet et mettez cuire en l'eaue, et prenez vint œufs et les cuisiez durs, et des chastaingnes cuites en l'eaue et pelées : puis prenez les moyeux des œufs, chastaingnes, fin fromage viel, et char d'un cuissot de porc cuit, et en hachez, puis broyez avec du saffran et pouldre de gingembre grant foison entremellée parmy la char; et se vostre char revient trop dure, si l'alaiez de moyeux d'œufs. Et ne fendez pas vostre cochon parmy le ventre, mais parmy le cousté le plus petit trou que vous pourrez : puis le mettez en broche, et aprés boutez vostre farce dedans, et recousez à une grosse aguille; et soit mengié ou au poivre jaunet se c'est en yver, ou à la cameline se c'est en ésté.

Nota que j'ay bien veu pourcelet lardé, et est trés bon. Et ainsi le fait-l'en maintenant et des pigons aussi.

Ménagier de Paris

Zutaten
für 12–15 Personen

1 Spanferkel (ca. 5 kg)
20 Eier
1 kg Kastanien
1 kg geriebener Käse
1 große Prise Safran
3 EL gemahlener Ingwer
2 kg gekochter Schinken
6 Eigelb
Salz
reichlich Pfeffer

Ein Spanferkel vorbereiten und nicht am Bauch, sondern an der Seite einen möglichst kleinen Einschnitt anbringen. Das Ferkel im ganzen ein paar Minuten in kochendem Wasser blanchieren. Die Eier hartkochen. Die Kastanien kochen und schälen. Die Eigelb, die Kastanien und den Schinken feinhacken. Den Safran und den Ingwer hinzufügen und zusammen mit dem geriebenen Käse alles im Mixer pürieren. Wenn die Masse zu trokken erscheint, mit etwas Eigelb geschmeidiger machen. Das Ferkel innen salzen und kräftig pfeffern, mit der Masse füllen, zunähen und auf den Spieß stecken. Unter häufigem Begießen knusprig braun braten (man rechnet etwa 40 Minuten pro Kilo). Zu dem fertigen Braten die *Sauce Cameline* (Seite 202) oder die *Safransauce* (Seite 201) reichen.

91

GEFÜLLTER SCHWEINEBRATEN

RÔTI DE PORC FARCI
Recette inspirée par le porcelet farci

Zutaten
für 6 Personen

1 kg Schweinefleisch
(Nacken oder Lende)

Für die Füllung:
2 Eigelb
von hartgekochten Eiern
200 g gekochter Schinken
200 g geriebener Gruyère
Salz
Pfeffer
3–4 TL gemahlener Ingwer
1 Messerspitze Safran
Fett zum Ausstreichen

Zum Garnieren:
1 Dose gekochte Kastanien

Das Fleisch vom Metzger zum Füllen mit einem Einschnitt versehen oder als flaches Stück zum Einrollen vorbereiten lassen.

Die Eigelb mit der Gabel zerdrücken und mit dem feingehackten Schinken, Käse, Salz und Pfeffer sowie mit Ingwer und Safran gründlich vermischen.

Entweder das Fleischstück durch den Einschnitt füllen oder die Füllung auf das flache Fleischstück streichen (dabei die Ränder freilassen), zusammenrollen und mit Baumwollfaden zusammenbinden.

Salzen, pfeffern und in eine ausgefettete Form legen. Im vorgeheizten Backofen in 1 1/2 Stunden garen. Den Bratensaft zwischendurch wenn nötig entfetten.

Die gekochten Kastanien in etwas Butter wenden.

Vor dem Servieren die Sauce abschmecken und eventuell noch etwas Ingwer hinzufügen.

Den Schweinebraten mit den Kastanien umgeben und servieren.

Alles vom Schwein war hoch geschätzt.

TEIGTASCHEN MIT FLEISCHFÜLLUNG

Rissoles à jour de poisson

PETITS PÂTÉS DE PORC

Cuisiez chastaingnes à petit feu et les pelez, et aiez durs œufs et du frommage pelé et hachez tout bien menu; puis les arrousez d'aubuns d'œufs, et meslez parmy pouldre et bien petit de sel délié, et faites vos rissoles, puis les frisiez en grant foison d'uille et succrez.

Et nota, en karesme, en lieu d'œufs et frommage, mettez merlus et escheroys cuis, bien menu hachiés, ou char de brocherès ou d'anguilles, figues et dates hachées.

Item, au commun, l'en les fait de figues, roisins, pommes hastées et noix pelées pour contrefaire le pignolat, et pouldre d'espices : et soit la paste trés bien ensaffrenée, puis soient frites en huille. S'il y convient lieure, amidon lie et ris aussi. Item, char de langouste de mer y est bonne en lieu de char.

Rissoles en jour de char sont en saison depuis la Saint Remy. Prenez un cuissot de porc, et ostez toute la gresse qu'il n'y en demeure point, puis mettez le meigre cuire en un pot et du sel largement : et quant elle sera presque cuite, si la traiez et. aiez durs cuis, et hachiez aubun et moyeu, et d'autre part hachiez vostre grain bien menu, puis meslez œufs et char tout ensemble, et mettez pouldre dessus, puis mettez en paste et frisiez au sain de luy mesmes. Et nota que c'est propre farce pour cochon; et aucunes fois les queux l'achetent des oubloiers pour farcir cochons : mais toutesvoies, à farcir cochon, il est bon de y mettre bon vieil frommage.

Ménagier de Paris

Zutaten
für 6 Personen

Für die Füllung:
350 g Schweineschulter
30 g Butter
5 hartgekochte Eier
1 rohes Ei
1 TL Gewürzmischung
(siehe Seite 199)
3 TL Kümmel
Salz

Das Fleisch hacken und in der Butter anbraten. Die hartgekochten Eier grob hacken.

In einer Schüssel das Fleisch, die hartgekochten Eier, das rohe Ei, die Gewürzmischung, den Kümmel und die Crème fraîche bzw. den geriebenen Käse miteinander vermischen. Salzen (falls Sie Käse verwenden, sparsam salzen).

Für den Teig das Mehl in eine Schüssel geben und rasch unter Rühren die zerlassene Butter daruntermischen. Salz und Wasser hinzufügen. Mit den Händen schnell zu einem glatten Teig verkneten.

60 g geriebener Gruyère
oder 1 EL Crème fraîche

Für den Teig:
200 g Mehl
100 g zerlassene Butter
Salz
1 EL kaltes Wasser

Auf einem bemehlten Backbrett den Teig dünn ausrollen und mit Mehl bestäuben. Runde oder recht-
eckige Teigblätter ausstechen und diese mit kleinen Mengen der Farce belegen. Die Teigtaschen
zusammenfalten und die angefeuchteten Ränder
fest zusammendrücken.
In Butter oder Öl ausbacken oder in den Backofen
geben.

Der Käse macht die Farce fetthaltiger, die Crème
fraîche dagegen leichter und trotzdem saftig.

INGWERWÜRSTCHEN

Chaudun de porc

SAUCISSES AU GINGEMBRE

Cuisés en eaue, puis la metés par piéces, et frisiés en sain de lart, du gingembre, poivre long et du safren, pain hallé, et trempés en eaue de buef (car son boullon sent le fians) ou en lait de vache qui veult, et passés parmi l'estamine; puis prennés verjus esgrené cuit en eaue et métés les grains en vostre potage sur le point de servir, et fillés moieux d'uefs dedans et faites boulir.

Viandier de Taillevent

Zutaten
für 6 Personen

1–2 Bratwürste pro Person
Butter und Öl zum Braten
Salz
Pfeffer
4 Scheiben Weißbrot
1/4 l Fleischbrühe
2 Eigelb
Saft einer halben Zitrone
1 TL gemahlener Ingwer
1 Prise Safran

Die Würstchen mit der Gabel einstechen und 10 Minuten in kochendes Wasser geben, damit sie etwas Fett verlieren. Abtropfen lassen.

In einer Pfanne etwas Butter oder Öl erhitzen und die Würstchen darin braten. Salzen und pfeffern.

Das Weißbrot rösten, in der Fleischbrühe aufweichen und zerdrücken. Salzen, pfeffern und durch ein Sieb passieren.

Mit zwei verquirlten Eiern verrühren, in einen Topf geben und die Mischung unter fortwährendem Rühren 5 Minuten köcheln lassen.

Vom Herd nehmen, mit Zitronensaft, Ingwer und Safran würzen. Die Bratwürste mit der Sauce übergießen. Heiß servieren.

Geflügel und Wild

Geflügel jeder Art spielte eine wichtige Rolle in der mittelalterlichen Küche

HUHN MIT KÜMMELSAUCE

Comminée de poulaille

POULE AU POT À LA SAUCE AU CUMIN

Cuisés la en vin et en eaue, puis la despécies par quartiers, et la frisiés en sain de lart; prennés un pou de pain trempé en vostre boullon, et le coullés, et mettés boullir avecques vostre grain; prennés un pou de gingembre et un pou de comin, défaites de verjus et de vin : puis prenez moyeux d'œufs grant foison, et batés lez bien, et fillés avesquez vostre potage arriére du feu.

Viandier de Taillevent

Zutaten
für 4–6 Personen

1 junges fleischiges Huhn
50 g Butter oder Schmalz
Für die Brühe:
gesalzenes Wasser
1 Glas trockener Weißwein
1 Zwiebel gespickt mit
2 Gewürznelken
2 Karotten
1 Rübchen
1 Stange Porree
1 Stange Bleisellerie
Für die Sauce:
100 g Weißbrot
2 Tassen Hühnerbrühe
Saft einer Zitrone
1/2 Glas Weißwein
1/4 TL gemahlener Ingwer
1/4 TL gemahlener
Kümmel
2 Eigelb

Die Brühe im voraus zubereiten und abkühlen lassen.
Das Huhn in einen Topf geben, mit der kalten Brühe bedecken und eine gute Stunde kochen lassen.
Das Huhn aus der Bouillon nehmen. In Stücke schneiden und mit Küchenpapier trockentupfen. In einer Pfanne mit Butter oder Schweineschmalz leicht anbraten.
Für die Sauce in einer kleinen Schüssel das Brot in 2 Tassen Hühnerbouillon einweichen. Im Mixer zu einer Paste verrühren. Ein halbes Glas Weißwein hinzufügen und gründlich vermischen. Falls die Masse zu trocken erscheint, noch etwas Hühnerbrühe dazugeben. In einem kleinen Topf unter Rühren erhitzen.
Kurz vor dem Servieren die Eigelb, den Zitronensaft und die Gewürze miteinander verrühren und die Sauce damit legieren.
Über die Hühnerstücke gießen oder in einer Sauciere getrennt dazu reichen.
Dazu paßt körniger Reis.

HUHN MIT MANDELN UND KÜMMEL

Comine d'almendes

POULET AUX AMANDES ET AU CUMIN

Cuisiés vostre poulaille en eaue et la descoupés par quartiers, et frisiés en sain de lart; prennés almendes pellées, deffaites de vostre boullon, et metés boullir sur votre grain, et gingembre et comin deffait de verjus et de vin; et tousiours se lie d'elle mesmes.

Viandier de Taillevent

Zutaten
für 4–6 Personen

1 junges fleischiges Huhn in Brühe (siehe S. 107) gekocht oder
1 fertiges Brathuhn
Für die Sauce:
2 Tassen Hühnerbrühe
100 g gemahlene Mandeln
1/2 Glas trockener Weißwein
Saft einer halben Zitrone
1 Prise gemahlener Ingwer
2 TL gemahlener Kümmel
Salz

In einer Schüssel die Zutaten für die Sauce außer Ingwer, Kümmel und Zitronensaft miteinander vermischen. In einen Topf geben.
Bei schwacher Hitze unter Rühren köcheln lassen. Falls die Sauce zu trocken wird, noch etwas Hühnerbrühe dazugeben.
Die Gewürze mit dem Zitronensaft vermischen und zu der Sauce geben.
Noch einige Minuten weiterkochen lassen, aber nicht zu lange, damit die Gewürze ihr Aroma behalten.
Vor dem Servieren das Huhn zerlegen und mit der heißen Sauce übergießen.

HUHN MIT ZIMT

Brouet de canelle

POULET À LA CANNELLE

Cuisés vostre poulaille en eaue et vin, ou autre grain, et despeciés par quartiers, et friolés; prennés almendez toutes seiches, et cuisés sans peller, et de canelle grant foison; broiés, coullés, et deffaites de vostre boullon de buef, et boulliés bien avesque vostre grain, et du vertgus; et prennés gingembre, girofle, graine de paradis et soit liant.

Viandier de Taillevent

Despeciez vostre poulaille ou autre char, puis la cuisiez en eaue et mettez du vin avec, et friolez : puis prenez des amandes crues et séchées à toute l'escorce et sans peler, et canelle grant foison, et si broyez trés bien, et deffaites de vostre boullon ou de boullon de beuf, et faites boulir avec vostre grain : puis broyez gingembre, giroffle et graine, etc., et soit liant et sor.

Ménagier de Paris

Zutaten
für 4–6 Personen

1 junges fleischiges Huhn
ca. 2 l Brühe
siehe S. 107)
50 g Butter oder Schmalz
Für die Sauce:
100 g gemahlene Mandeln
1 gehäufter TL Zimt
1 Prise gemahlener Ingwer
2 zerstoßene Gewürznelken
Kardamomkörner
aus 4–5 Schoten
Saft einer halben Zitrone
1/4 l Hühnerbrühe

Das Huhn wie auf Seite 107 beschrieben in der Brühe kochen. Zerlegen, die Stücke abtrocknen und in Butter oder Schweineschmalz goldbraun braten. Warmhalten.

Die gemahlenen Mandeln, die Gewürze und den Zitronensaft miteinander vermischen, in einen Topf geben und mit einem Viertelliter Hühnerbrühe aufgießen. Salzen. Unter Rühren bei schwacher Hitze köcheln lassen, bis die Sauce leicht cremig wird, und über die Hühnerstücke gießen.

Falls Sie diese Sauce zu einem Brathuhn servieren wollen, können Sie als Grundlage eine Instantbrühe verwenden.

101

HUHN MIT ZITRONE

Limonia

POULET AU CITRON

De limonia : ad limoniam faciendam, suffrigantur pulli cum lardo et cepis. Et amgidale mundate terantur, distemperentur cum brodio carnis et colentur. Que coquentur cum dictis pullis et speciebus.
Et si non habentur amigdale, spissetur brodium cum uitellis ouorum.
Et si fuerit prope horam scutellandi, pone ibi succum limonum uel limiar um uel citrangulorum.

Liber de Coquina

**Zutaten
für 4–5 Personen**

1 junges fleischiges Huhn
4 große Zwiebeln
100 g durchwachsener Speck
50 g Butter oder 3 EL Öl
2 Zitronen
60–75 g Mandelsplitter
Salz

Das gewaschene und abgetrocknete Huhn in 10–12 Teile zerschneiden.
In einer Pfanne das Fett erhitzen. Zunächst den in Würfel geschnittenen Speck darin auslassen, dann die in feine Ringe geschnittenen Zwiebeln hinzufügen und schließlich die Hühnerstücke dazugeben. Salzen. Wenn das Fleisch von allen Seiten goldbraun gebraten ist, den Topf verschließen und bei schwacher Hitze etwa 1 Stunde schmoren lassen. 15 Minuten vor Ende der Garzeit den Saft einer Zitrone hinzufügen.
Die Mandelsplitter im Backofen hellbraun rösten.
Die Hühnerstücke mit dem Speck und den Zwiebeln auf einem Servierteller anrichten und mit den gerösteten Mandelsplittern bestreuen. Mit Zitronenvierteln garnieren.
Die Sauce getrennt dazu reichen.

HUHN MIT BACKPFLAUMEN UND DATTELN

POULET AUX PRUNEAUX ET AUX DATTES

II. - 19. De pullis : elixa pullos. Postea, frige cum lardo et cepis et speciebus cum safrano trittis et distemperatis cum brodio in quo elixata sunt; colentur et ponantur cum pullis. Et pone etiam prunas crudas, uuas passas, amigdalas mondatas, daxtilos, zucaram.

Liber de Coquina

Zutaten
für 4 Personen

1 junges, fleischiges
Huhn,
in Stücke geschnitten
150 g durchwachsener
Speck
2 große Zwiebeln,
in Ringe geschnitten
1 Prise Gewürzmischung
(siehe S. 199)
1 Messerspitze Safran
1 TL Zucker
Salz
Pfeffer
10–15 Backpflaumen
50 g Rosinen
10–15 Datteln
75 g Mandelstifte

Die Rosinen in warmem Wasser einweichen.
Den Speck in Würfel schneiden, in einem Schmortopf glasig werden lassen, die Zwiebeln hinzufügen und goldgelb braten. Mit einem Schaumlöffel aus dem Topf nehmen.
Die Hühnerstücke hineingeben und von allen Seiten goldbraun braten. Salzen, pfeffern und den Speck und die Zwiebeln wieder dazugeben.
Etwa 10 Minuten vor Ende der Garzeit die Gewürzmischung, den Safran und den Zucker an das Hühnerfleisch geben. Die Backpflaumen, die entkernten Datteln und die eingeweichten Rosinen hinzufügen.
Die Mandelstifte im vorgeheizten Backofen hellbraun werden lassen.
Das Gericht auf einem heißen Servierteller anrichten und mit den Mandeln bestreuen.

PETERSILIENHUHN

Brouet houssié

POULET PERSILLÉ AUX ÉPICES

Prenez poulaille despecée par quartiers, veau ou telle char comme vous vouldrez despeciés par pièces, et faites boulir avec du lart : et d'autre part aiez en un pot, avec du sain, oignons menus minciés qui y cuiront et friront. Aiez aussi du pain harlé sur le greil, puis le mettez tremper avec du boullon de vostre char et du vin dedans, puis broyez gingembre, canelle, poivre long, saffren, giroffle et graine et les foies, et les broyez si bien qu'il n'y convengne point couler : et destrempez de vertjus, vin et vinaigre. Et quant les espices seront ostées du mortier, broyez vostre pain, et si le deffaites de ce en quoy il a trempé, et coulez par l'estamine, et mettez espices et du percil effeullié qui veult, tout boulir avec le sain et des oignons, et adonc frisiez vostre grain. Et doit ce potage estre brun de sain et liant comme soringue...

Nota que pour le percil seulement est-il dit brouet houssié, car ainsi comme l'en dit ailleurs frangié de saffran, aussi peut-l'en dire houssié de ce qui est de percil; et c'est la manière de parler des queux.

Ménagier de Paris

Zutaten
für 4 Personen

1 Huhn mit seiner Leber
4 Scheiben
durchwachsener Speck
Butter, Schmalz oder Öl
2 Zwiebeln,
in Ringe geschnitten
1 Glas Weiß- oder Rotwein
1 Scheibe Weißbrot
Salz, Pfeffer
Saft einer halben Zitrone
1/2 TL gemahlener Ingwer
1/2 TL Zimt, 2 Gewürz-
nelken
Kardamomkörner
aus 4 Schoten
3 EL gehackte Petersilie

Das Huhn in Stücke schneiden. Die Leber aufbewahren.

In einem Schmortopf die Speckscheiben in Fett auslassen. Die Zwiebeln und anschließend die Hühnerstücke hinzufügen und goldbraun braten. Den mit etwas Wasser verdünnten Wein dazugießen. Salzen, pfeffern, die Gewürznelken und den Kardamom hinzugeben. Bei offenem Topf leise schmoren lassen.

Das Brot rösten, mit der Hühnerleber im Mixer pürieren und den Zitronensaft daruntermischen. Den Ingwer und den Zimt hinzufügen. Eventuell mit etwas zusätzlichem Zitronensaft oder Wein verdünnen. Zu dem Huhn in den Schmortopf geben und gründlich mit dem Bratensaft verrühren.

Auf einem Servierteller anrichten und mit einer dicken Schicht Petersilie bestreuen.

GEFÜLLTES HUHN

Poucins farcis

POULETS DE GRAIN FARCIS

Il convient souffler un poucin quant il est tout vif, et est soufflé par le col, puis liez le col et laissiez mourir : puis eschaudé, plumé, effondré, reffait et farcy.

Item, autrement, quant il est du tout appareillié pour mettre en broche, par endroit le pertuis là où l'on l'a effondré, l'en luy desserve au doit la pel de la char, puis l'en le farcist au bout du doit, et recoust-l'en à sourget, endroit le trou, la pel avec la char, et met-l'en en broche. Et nota que la farce est faite de percil et un petit de sauge avec œufs durs et beurre, tout haché ensemble, et mettre parmi pouldre fine avec. A chascun poucin convient trois œufs, blanc et tout.

Ménagier de Paris

Zutaten
für 4 Personen

2 junge fleischige Hühner
5 hartgekochte Eier
100 g Butter
1 großer Bund Petersilie
2 frische Salbeiblätter
1 TL Gewürzmischung
Salz

Die Petersilie und die Salbeiblätter waschen, trockentupfen und fein hacken.

Im Mixer die Eier, die vorher cremig gerührte Butter, die Gewürzmischung und die Kräuter zu einer Paste verrühren.

Diese Farce in zwei gleich große Portionen teilen und die Hühner damit füllen. Die Öffnung zunähen.

Die Hühner auf den Spieß stecken und etwa 45 Minuten (je nach Größe) unter dem Grill goldbraun braten.

HUHN IM TEIGMANTEL

Chapon bardé

POULET EN CROÛTE

Il fault plumer habiller larder et embrocher vostre chapon. Et quant sera presque cuyct ostes les lardons puis destrempes de la farine avec moyeulx doeulz eaue rose succre assaysonne de sel et fault quelle soit asses clere comme pastes de friteaulx. Puis en mettez dessus ledict chapon avec une cuillier en rotissant et fault qu'il soit assez loing du feu affin qu'il seche petit a petit et qu'il ne brusle et larrouses par trois ou quatre foys affin qu'il soit couvert de votre dicte paste et le faire cuyre petit a petit puis apres quil sera cuyct arrouses le de saing de lard et le servez tout ainsi.

Livre fort excellent de cuisine

Zutaten
für 4–6 Personen

1 junges fleischiges Huhn
Salz
Pfeffer
4 Scheiben fetter Speck
Für den Teig:
125 g Mehl
3 Eier
50 g Zucker
1 Prise Salz
1/4 l Rosenwasser
(1 Tropfen Rosenöl auf
1/4 l Wasser)

Das gewaschene und abgetrocknete Huhn salzen, pfeffern, mit dem Speck umwickeln und am Spieß braten. Aus den übrigen Zutaten einen leichten, nicht zu dickflüssigen Teig bereiten.
Wenn das Huhn dreiviertel gar ist, die Hitze reduzieren und die Speckscheiben entfernen.
Das Huhn mit dem Teig von allen Seiten begießen und diesen Vorgang noch zwei- oder dreimal wiederholen, bis sich eine goldbraune Kruste bildet.

KALTES HUHN MIT SALBEI

Froide sauge

POULET FROID À LA SAUGE

Pour faire une froide sauge, prenez vostre poulaille et mettez par quartiers, et la mettez cuire en eaue avec du sel, puis la mettez reffroidier, puis broyez gingembre, fleur de canelle, graine, giroffle, et broyez bien sans couler; puis broyez du pain trempé en l'eaue des poucins, percil le plus, sauge et un pou de saffren en la verdure pour estre vertgay, et les coulez par l'estamine, (et aucuns y coulent des moyeux d'œufs durs) et deffaites de bon vinaigre : et icelles déffaites, mettez sur vostre poulaille, et avec et pardessus icelle poulaille mettez des œufs durs par quartiers et gettez vostre sausse pardessus tout.

Ménagier de Paris

Zutaten
für 4–5 Personen

1 junges fleischiges Huhn
4-5 hartgekochtes Eier
Für die Brühe:
1 Stange Porree
2 Karotten, 1 Zwiebel,
2 Gewürznelken
3-4 Petersilienstengel
2 Zweiglein Thymian
Salz, Pfeffer
Für die Sauce:
1 TL gehackte frische
Salbeiblätter,
1 EL gehackte Petersilie
2 EL Weinessig, 2 Eigelb
von hartgekochten Eiern
150 g Weißbrot ohne Rinde
4 zerstoßene Gewürznelken
1 Prise Safran, 1 TL Zimt
1 TL gemahlener Ingwer
1 TL Kardamomkörner,
(fein gemahlen), Salz

Das Huhn in einen Suppentopf geben. Den Porree, die Karotten, die Zwiebel mit den Gewürznelken, Salz, Pfeffer, den Thymian, das Lorbeerblatt und die Petersilienstengel dazugeben. Mit so viel kaltem Wasser auffüllen, daß das Huhn bedeckt ist. Eine gute Stunde kochen lassen. Das Huhn soll gar, aber nicht zu weich sein. Aus der Brühe nehmen und abtropfen lassen. In Stücke geschnitten auf dem Servierteller anrichten.
Für die Sauce die Weißbrotkrumen mit etwas Hühnerbrühe im Mixer zu einer glatten Creme verrühren. Die Eigelb hinzufügen und alles pürieren. Die Mischung in eine große Schüssel geben und nacheinander die Gewürze, die gehackten Kräuter und den Weinessig daruntermischen. Abschmekken und evtl. mit Pfeffer und Salz nachwürzen. Eventuell mit etwas Hühnerbrühe verdünnen.
Die Hühnerstücke auf dem Servierteller mit der Sauce begießen, mit halbierten hartgekochten Eiern umlegen und kaltstellen.
Sehr kalt mit einem grünen Salat servieren.

HÜHNERPASTETE

Pastillus

PÂTÉ DE POULET

In pastillo, hoc modo pullus decoquitur : membratim inciditur, et in pasta cum carnibus délicatis porcinis minutim incisis ponitur, et super aspergitur puluis ad placitum cum sale et croco tritatum, et sic dequoquitur.

Tractatus

**Zutaten
für 8–10 Personen**

Für den Teig:
200 g Mehl
100 g Butter oder Schmalz
2 EL Wasser
1/2 TL Salz

1 fleischiges Huhn
350 g Schweinefilet
Salz
Pfeffer
1/2 TL Gewürzmischung
1 Messerspitze Safran
1 Ei in 100 g Crème fraîche
verquirlt

Das Huhn entbeinen und in möglichst kleine Stükke schneiden.
Butter oder Schmalz in einem Topf zergehen lassen. Salzen, vom Herd nehmen und das Wasser hinzufügen.
Das Mehl in eine Schüssel geben, das geschmolzene Fett auf einmal dazugießen und sofort verrühren.
Ein Brett mit Mehl bestäuben und den Teig ausrollen. Wenn er klebt, noch etwas Mehl dazugeben.
Auf die Mitte des Teigblattes abwechselnd eine Schicht Hühnerfleisch und eine Schicht gewürfeltes Schweinefilet geben. Das Gemisch aus Ei und Crème fraîche darübergießen, salzen, pfeffern und mit Safran und Gewürzmischung bestreuen. Den Teig über der Füllung zusammenschlagen. Die Teigränder mit Wasser befeuchten und fest zusammendrücken. Oben ein zusammengerolltes Stück Alufolie als Schornstein hineinstecken. Auf ein Backbleck setzen und bei mittlerer Hitze in den Backofen schieben.
Wenn der Teig trocken ist, mit Eigelb bestreichen und weiterbacken, bis die Pastete gar ist – insgesamt mindestens 1½ Stunden.
Sollte der Teig zu dunkel werden, mit Alufolie abdecken.

HÜHNERTERRINE

Pulus in trapa

TERRINE DE POULET

Dequoquitur etiam pullus in trapa, id est inter duas scutellas terreas interius bene plumbatas; hoc modo, dequoquitur in aqua; postéa, frixantur cepe per rotulas in sagimine uel butiro; post, imponitur huius condimenti brodium quod fit hoc modo : accipiuntur folia ysopi et petrosillum et saluia et jecur pulli, et teritur in mortario minutissime cum mica panis albi, et distemperatur cum vino uel agresta uel aceto et aqua decoctionis pulli, uel aliquid de lacte amigdalarum, croco infecto more lumbardico, et imponuntur trape; quo iam bullire incipiente, imponunt puluerem specierum cum ipso pullo frustratim inciso, et aliquantulum bullire permittunt cum carnibus porcinis decoctis et minutim incisis.

Et est, in quolibet cibo, semper sal ad mensuram et debito modo apponendum.

Qui si fit nimis salsatus, aquam in loco ubi bullit remoue et aliam impone; aut saltem accetum infunde : quod acetum resistit salsedam.

Tractatus

Zutaten
für 6–8 Personen

1 Huhn mit seiner Leber
75 g Butter oder
60 g Schweineschmalz
1 TL Ysopblätter
2 Salbeiblätter
2 TL gehackte Petersilie
100 g Weißbrot ohne Rinde
1 Glas Weißwein
oder Saft einer Zitrone
oder 2 EL Weinessig
Salz, Pfeffer
evtl. 1 Prise Safran
300 g Schweinebauch
1 Prise Gewürzmischung
(siehe S. 199)

Das Huhn in möglichst kleine Stücke schneiden und in Butter oder Schmalz goldbraun braten. Salzen und pfeffern.

Den gewürfelten Schweinebauch anbraten.

Die Hühnerleber mit dem Weißbrot im Mixer zerkleinern. Weißwein, Ysop, Salbei, Petersilie und eventuell Safran hinzufügen. Die Mischung in eine Terrine füllen. Abwechselnd eine Schicht Hühnerfleisch und eine Schicht Schweinebauch darübergeben. Wenn Ihnen die Masse zu trocken erscheint, etwas Weißwein oder Fleischbrühe dazugießen. Mit Gewürzmischung bestreuen.

Den Deckel auf die Form geben und die Terrine zusätzlich mit einem Teig aus Mehl und Wasser hermetisch verschließen. Im Wasserbad im Backofen bei mittlerer Hitze mindestens 1 1/2 Stunden garen.

ENTE MIT SAUCE »DODINE«

Dodine rouge

CANARD RÔTI À LA SAUCE DITE « DODINE »

Prens du pain blanc et le fais rostir bien roux sur le gril et la mets tremper en fort vin vermeil, puis faits faire des oignons par rouelles en saing de lard, et passe ton pain par l'estamine, puis pour espice, canelle, muscade, clou de girofle, et sucre et un peu de sel, et fais le tout bouillir ensemble avec la gresse de canard, et quand il sera cuit, jette sur les canards, ou oiseau de riuière.

Viandier de Taillevent (extrait du « Grand Cuisinier »)

**Zutaten
für 4 Personen**

1 junge fleischige Ente
2 große Scheiben Brot
1 Glas guter Rotwein
2–3 Zwiebeln
1/2 TL Zimt
1/2 TL gemahlene
Muskatnuß
1 zerstoßene Gewürznelke
1 TL Puderzucker
Salz
Pfeffer

Die Ente mit der Bauchseite nach unten in einen Bratentopf geben und bei schwacher Hitze im Backofen anbraten, damit sie etwas Fett verliert. Wenden.

Dieses erste Fett, das die Ente absondert, bevor sie braun wird, abgießen.

Nun die Ente fertig braten – man rechnet etwa 15 Minuten pro 500 Gramm –, dabei häufig mit dem Bratensaft begießen.

In der Zwischenzeit die Brotscheiben rösten und im Mixer zerkleinern. Mit den Gewürzen, dem Salz, dem Zucker und schließlich mit dem Rotwein vermischen.

Das Gemisch an den Bratensaft geben und kurz aufkochen lassen.

Die Ente zerlegen und mit der Sauce übergießen.

GANS MIT SALBEISAUCE

Potage d'une petite oé

OIE RÔTIE À LA SAUGE

Cuisiez trés bien petite oé et frisiez : puis broiez gingembre, clou, graine et poivre long, du percil et un petit de sauge, destrampez de l'eaue de la char ou de la petite oé, et mettez du fromage gratuisié, et servez en chascune escuelle trois pièces de petite oé.

Ménagier de Paris

Zutaten
für 4–6 Personen

1 junge Gans, (ca. 3 kg)
1/2 TL gemahlener Ingwer
2 zerstoßene Gewürznelken
Körner aus 3 Kardamom-
schoten
Salz
Pfeffer
1 TL gehackte Petersilie
3 gehackte Salbeiblätter
50 g geriebener Gruyère

Die bratfertige Gans mit der Bauchseite nach unten in einem Bratentopf ohne Zugabe von Fett bei schwacher Hitze etwa 20 Minuten in den Backofen geben, dabei einmal wenden. Das austretende Fett abgießen.

Nun die Hitze heraufschalten und die Gans fertigbraten.

In einer Tasse den Ingwer, die zerstoßenen Nelken und Kardamomkörner, die Petersilie und den Salbei miteinander vermischen. Mit etwas Bratensaft aufgießen und in den Bratentopf geben.

Die Gans öfter mit dem gewürzten Bratensaft begießen.

Vor dem Servieren die Gans zerlegen, auf einem Servierteller anrichten, mit geriebenem Käse bestreuen und nochmals kurz unter dem Grill überbacken.

Die Sauce getrennt dazu reichen.

Als Beilage eignen sich Apfelkompott oder ganze Bratäpfel ohne Schale sowie gekochte Kastanien.

GANS MIT SAUCE »MA DAME«

Saulce ma dame

OIE EN SAUCE « MA DAME »

Pour faire saulce ma dame, soit rostye une oye, et mettés en une paelle dessoubz, et preneé le foye de l'oye ou d'aultres poulailles, et le mettés rostir sur le gril; puis quant il sera cuyt, hallés une tostée de pain, et méttés le foye et le pain tramper en ung peu de boullon, et passés trop bien par l'estamine, mettés et laisser boulir à la paelle soubz l'oye, et faictes boulir une douzaine d'eufz et en prenés les moieulx et les hachés menu; et puis quant l'oye sera cuyte, les méttés par dessus en la saulce avec, et se voulés que sente le goust de layt, jectés en une goutte ou deux, au boullir.

Viandier de Taillevent

Zutaten
für 6 Personen

1 junge Gans mit Leber
(oder 3 Hühnerlebern)
1 EL Butter
Salz
Pfeffer
6 Eigelb
von hartgekochten Eiern
6 Scheiben Weißbrot
2 EL Crème fraîche

Die bratfertige Gans mit Salz und Pfeffer einreiben und die Haut an einigen Stellen mit der Gabel einstechen. Auf den Spieß stecken und eine Bratenpfanne für den Bratensaft darunterstellen. Das austretende Fett abgießen.
Die Brotscheiben rösten.
Die Geflügelleber in Butter leicht anbraten. Salzen und pfeffern. Mit einer Gabel zerdrücken, die gerösteten Brotscheiben damit bestreichen und diese in die Fettpfanne geben, damit sie mit dem Bratensaft getränkt werden.
Die Eigelb grob zerdrücken, salzen und pfeffern. Mit der Crème fraîche vermischen. Die Mischung über die Lebercroûtons geben und im Backofen erhitzen, während Sie die Gans tranchieren.
Die Gänsestücke auf einem Servierteller anrichten und mit den Croûtons umgeben.

Sehr gut dazu: ein leichtes Selleriepüree oder geschälte Bratäpfel mit zerlassener Butter.

GEFLÜGEL MIT SAUCE »DODINE«

Dodine de vert jus

VOLAILLE À LA SAUCE DITE «DODINE»

Aultre dodine de vert jus sur oiseaulx de rivière, chappon, ou aultre volatile de rost, mettés le vert jus dessoubs le rost en une paelle de fer, et puis prenés moyeulx d'œufs deurs et demy douzaine de foyes de poulaille, et que les foyes soient un peu rotis sur le gril, et les passés par l'estamine avecques le vert jus tout pur, et y mettés ung peu de gingembre et du percil effueillé dedens, et tout boully ensemble, et mettés sur le rost, et des tostées de pain hallé dessoubz le rost, et pareillement dedens aultre dodine.

Viandier de Taillevent

Zutaten
für 4–6 Personen

1 Huhn oder Pute,
Perlhuhn, Gans, Ente
usw.
3 Eigelb
von hartgekochten Eiern
50 g Butter
6 Geflügellebern
2 EL Weinessig
Saft einer Zitrone
1/2 TL gemahlener Ingwer
1 EL gehackte Petersilie
1 Scheibe Weißbrot
pro Person
Salz
Pfeffer

Das Geflügel unter ständigem Begießen am Spieß goldbraun braten. (Bei Gans oder Ente das Fett abgießen.)
2 Eßlöffel Weinessig in die daruntergestellte Bratenpfanne geben.
Die Geflügellebern in heißer Butter leicht anbraten; sie sollten innen noch rosa sein. Die Geflügelleber und die Eigelb im Mixer zerkleinern. Mit dem Saft einer Zitrone vermischen, salzen und den Ingwer hinzufügen. Wenn die Masse zu fest erscheint, mit etwas Bratensaft verlängern. Die gehackte Petersilie darunterrühren.
Die Brotscheiben rösten und diagonal durchschneiden. Die Toastecken mit dem Gemisch aus Eiern, Leber und Petersilie bestreichen.
Das Geflügel tranchieren, die Stücke auf einem Servierteller anrichten, mit dem Rest der Sauce übergießen und mit den Croûtons umgeben.

GEFÜLLTES HUHN

Poullaille farcie

BALLOTTINE DE VOLAILLE

Prennés votre poulaille, et leur coupés le gavion, puis les eschaudés, et plumés et gardés la pel saine, et sans refaire; prennés un tuel, et le boutés entre le cuir et la char, et l'enflés, puis la fendés entre les espaules et ne faites pas trop grant trou, et lessiés tenans à la pel les elles et le col à tout la teste et les piés.

Pour faire la farce. Prennés char de mouton, de veel du porc, du blanc des poulles, hachiés tout ensemble tout cru; puis les broiés en un mortier, et œufs tous crus, avesques fromage de gain et bonne poudre d'espices, et un pou de saffran et sallés à point puis empléz vos poules et recousés et, du demourant de vostre farce, faites en ponmes aussi comme pastiaux de garde, et metés cuire en bouillon de buef ou en eaue boulant, et du saffren grant foison; et qu'ils ne boulent pas trop fort, qui ne se despiècent; puis les enbrochiés en une broche de fer bien déliée. Pour faire les dorées. Prennés grant foisson des moieux d'œufs avec du saffren broié et batu tout ensemble, et les en dorés. Qui veult dorée verde, si prengne la verdure broiée, puis des moieux d'oefs grant foisson bien batus, passés par l'estamine, et prennez la doreure, et en dorés; quand vostre poulaille sera cuite, et vous pourés dressier vostre broche ou vessel ou sera vostre doreure, et y jetés du lonc vostre doreure, et remétés au feu, afin que vostre doreure se prenne par II foies ou par III, et gardés qu'elle n'aist pas trop fort feu.

Viandier de Taillevent

Zutaten
für 8 Personen
(möglichst am Vortag
zubereiten)

1 Suppenhuhn
ca. 2 l Rinderbrühe
500 g Hackfleisch
vom Schwein und Kalb
3 Eier
50 g geriebener Käse
1 TL Gewürzmischung aus:
gemahlenem Kümmel,

Wie der mittelalterliche Autor empfiehlt, mit viel Fingerspitzengefühl einen Strohhalm oder eine Pipette am Hals unter die Haut des Huhns schieben, durch Aufblasen die Haut lösen und vorsichtig, ohne sie zu verletzen, wie einen Handschuh umstülpen und abziehen. Anschließend das Huhn entbeinen.

Das Hühnerfleisch sehr fein hacken. In einer Schüssel mit dem gehackten Kalb- und Schweinefleisch und mit den Gewürzen, den Eiern, dem geriebenen Käse, Salz und Pfeffer mischen. Die Haut des Huhns mit dieser Farce füllen und zunähen.

gemahlenem Ingwer,
Zimt und gemahlener
Muskatnuß
2 Gewürznelken
Kardamomkörner
aus 4 Schoten
2 Eigelb
1 Messerspitze Safran
1 EL Milch
Salz
Pfeffer

In einem großen Topf in der Rinderbrühe in etwa 1 Stunde garen. Die Flüssigkeit darf nicht stark kochen.

Das gefüllte Huhn herausnehmen.

2 Eigelb mit Salz, etwas Safran und 1 Eßlöffel Milch verquirlen, das Huhn mit dieser Mischung bestreichen, in eine feuerfeste Form geben und im sehr heißen Backofen goldbraun backen. Abkühlen lassen.

Kalt servieren und einen mit Zitronensaft angemachten Salat dazu reichen. Sie können das Gericht auch mit Aspikwürfeln garnieren: einen Teil der Kochflüssigkeit durch ein feines Sieb oder durch einen Filter geben, einkochen und erkalten lassen und in kleine Würfel schneiden.

Falls die Haut des Huhns nicht heil geblieben ist, halten Sie die Füllung zusätzlich mit einem Schweinenetz zusammen. – Wenn Farce übrigbleibt, formen Sie Fleischklößchen daraus und lassen Sie sie mitkochen. – Im Mittelalter liebte man farbige Gerichte, deshalb wird in einer Variante vorgeschlagen, die verquirlten Eigelb mit gehacktem Gemüse oder Kräutern (Spinat, Petersilie etc.) zu vermischen, um das Huhn grün zu färben.

ZWEIFARBIGES GEFLÜGELLEBERRAGOUT

Potage parti ou faulx grenon

CIVET DE FOIES DE VOLAILLE BICOLORE

Prenez une cuisse de mouton ou foies et jugiers de poulailles, et les mettez cuire très bien en eaue et en vin, et les tranchez comme quarrés : puis broyez gingembre, canelle, giroffle et un pou de saffren et graine de paradis et déffaites de vin et de vertjus, du bouillon de char (de celluy mesmes ou de la char à cuire) et puis ostez du mortier; puis aiez pain hazé trempé en vin et vertjus, broyez très bien, et après ce le passez par l'estamine, et faictes tout boulir ensemble, puis prenez la char et la frisiez au lart et la gettez dedans, et prenez dedens moieux d'œufs passés par l'estamine et gettez dedant pour lier. Et après dréciez par escuelles, et gettez dessus pouldre de canelle et sucre : c'est assavoir gettez sur la moitié de l'escuelle et non sur l'autre; et l'apelle-l'en Potage parti.

Ménagier de Paris

Zutaten
für 4 Personen

600 g Geflügelleber
1 EL Butter
1 Eigelb
1 Glas Rotwein
1/2 Glas Wasser
1 TL gemahlener Ingwer
1 TL Zimt
1 TL Kardamomkörner
3 zerstoßene Gewürznelken
1 Prise Safran
Salz
etwas Zitronensaft
1 Scheibe Weißbrot
Zum Bestreuen:
Zimt und Kristallzucker

Die Geflügelleber 3–4 Minuten in Butter anbraten. In einem Topf den Wein, das Wasser und die Gewürze zum Kochen bringen. Nach 5 Minuten die Leber hineingeben und bei sehr schwacher Hitze eine halbe Stunde garen lassen.
In der Zwischenzeit das Weißbrot rösten, im Mixer zerkleinern und mit etwas Kochflüssigkeit verdünnen. Einen Spritzer Zitronensaft und ein Eigelb hinzufügen und alles gründlich miteinander verrühren. Die Mischung zu der Leber in den Topf geben und umrühren. Noch 5 Minuten schwach köcheln lassen. Mit Salz abschmecken.
Das Geflügelleberragout auf einem vorgewärmten Servierteller anrichten. Die eine Hälfte mit Zimt, die andere mit Kristallzucker bestreuen.

LOMBARDISCHE GEFLÜGELLEBER

Pastes

PÂTÉ DE VOLAILLE À LA LOMBARDE

Item à la mode lombarde, quant les poucins sont plumés et appareillés, aiez œufs batus, c'est assavoir moyeux et aut uns, avec vertjus et pouldre, et mouillez vos poucins dedans : puis mettez en pasté et des lesches de lart comme dessus.

Ménagier de Paris

Zutaten
für 4–6 Personen

300 g Geflügelreste,
feingehackt
250 g durchwachsener
Speck, gewürfelt
2 breite Speckstreifen
3 Eier
Saft einer halben Zitrone
1/2 TL gemahlener
Kümmel
1/2 TL gemahlene
Muskatnuß
Salz
Pfeffer
2 Lorbeerblätter

Alle Zutaten außer den Speckstreifen und dem Lorbeer in einer Schüssel gründlich miteinander vermischen.
Den Boden einer Terrine mit einem der Speckstreifen auslegen und die Mischung darüberfüllen. Die zwei Lorbeerblätter darauflegen und mit dem zweiten Speckstreifen bedecken.
Den Deckel daraufgeben und die Terrine zusätzlich mit einem Teigstreifen aus Mehl-Wasser-Gemisch hermetisch verschließen.
Im Wasserbad bei mittlerer Hitze im Backofen garen, bis der Teigstreifen braun ist.

Mit der gleichen Geflügelfarce kann man auch Blätterteig- oder Mürbeteigpastetchen füllen.

Die Vögel, die dem Fallensteller auf den Leim gingen, wurden zu schmackhaften Pasteten verarbeitet.

SCHNEPFEN AM SPIESS

Beccasse

BÉCASSES RÔTIES

Faictes rostir sans effondrer[1] si elle est bien grosse ne la lardes point mettes une poelle dessousz ainsi quelle rostira pour recepvoir le ius qui en tumbera et mettes dessus groiselles verius petit deaue blanche de saulge entiere pouldre blanche sel serves avec rostyes et la sauce qui sera cuycte par dessus.

Livre fort excellent de cuisine

Zutaten
für 4 Personen

2 Schnepfen
Saft einer Zitrone
2 Salbeiblätter
1 Prise Gewürzmischung
(siehe Seite 199)
Salz
Preiselbeerkompott
oder Johannisbeer-
konfitüre
4 Scheiben Weißbrot
20 g Butter

Die Schnepfen erst kurz vor der Zubereitung rupfen. Nicht ausnehmen, sondern nur den Magen entfernen. Salzen.
Bei starker Hitze 18–20 Minuten am Spieß braten.
Die Salbeiblätter zum Bratensaft in die daruntergestellte Fettpfanne geben.
Die Brotscheiben rösten, mit Butter bestreichen und diagonal durchschneiden.
Die Schnepfen zerlegen und auf den Croûtons anrichten.
Den Bratensaft mit Zitronensaft ablöschen, die Gewürzmischung hinzufügen und gründlich verrühren.
Die Sauce über die Schnepfen verteilen.
Kleine Schälchen mit Preiselbeeren oder Johannisbeerkonfitüre dazu reichen.

FASAN MIT GEWÜRZSAUCE

Faisans et paons tous armés

FAISAN AUX ÉPICES

Pour faire faisans et paons armés, lardés tous prest à mettre en la broche, et, quant ils seront à demy cuitz, lardés de clou de girofle, et pour deux platz une unce de pouldre menues espices, graine, clou de girofle, poivre long, noix muscade et deux unces de synamome batue en pouldre, et puis prenés une chopine d'eaue rose et une chopine de vin aigre, et mettés dessuz le rost, et assemblés toutes les espices ensenble et passés par l'estamine, et dedens la sauce soit mis ung quarteron de sucre, et puis prenés demie livre de synamome, et faictes de l'oignon d'une poignée, et faictes confire en sucre, comme aultres espices de chambre, et quant le rost sera tyré hors de la broche, mettés les en platz, les lardés de la sinamome ainsi confite, et mettés du boullon dessoubz sans toucher à la confiture; et est la dicte saulce bonne en tous rostz.

Viandier de Taillevent

Zutaten
für 3–4 Personen

1 junge Fasanenhenne
Streifen von fettem Speck
4 Gewürznelken
Kardamomkörner
von 4 Schoten
2 zerstoßene Gewürznelken
1 Prise Cayennepfeffer
1 Prise gemahlener Muskat
1 Prise Zimt
1/2 Glas Rosenwasser
(1 Tropfen Rosenöl auf 1/
4 l Wasser)
1/2 Glas Weinessig
3 EL Puderzucker
1 EL Zimt
10 kleine weiße Zwiebeln
Salz
Pfeffer

Den Fasan mit Salz und Pfeffer einreiben, mit Speck umwickeln und am Spieß braten. Wenn er halb gar ist, mit vier Gewürznelken spicken.

Den Bratensaft in der Fettpfanne mit dem Rosenwasser, dem Weinessig und den Gewürzen verrühren.

In einem Topf die Zwiebeln mit dem Zimt und dem Puderzucker vermischen, etwas Bratensauce hinzufügen und bei sehr schwacher Hitze schmoren, bis die Zwiebeln glasiert sind. Wenn nötig noch etwas mehr Bratensaft dazugeben.

Den Fasan tranchieren und mit den glasierten Zwiebeln anrichten.

Die Gewürzsauce getrennt dazu reichen.

REBHUHNRAGOUT

Capilotaste

CAPILOTADE DE PERDRIX

Pour une capilotade, prenes une perdrix et la haches menu.
Haches vostre pain en souppes* faictes un lit de soupe en votre plat ung lict de
vostre perdrix hachez et faictes de lict en lict tant que vostre plat en soit plein. Ce
faict ayes de bon boullon de bœuf auquel aura boully cinq ou six gousses d'aulx
puis iecteras ton boullon en un plat et le feras ung petit estuves sur le feu/ aulcuns y
bouttent du fournaige gras.

Livre fort excellent de cuisine

Zutaten
für 6 Personen

2 junge Rebhühner
1 EL Butter
dünne Scheiben Weißbrot
300 g Sahnequark
1 EL Crème fraîche
5–6 Knoblauchzehen
1 Tasse Fleischbrühe
Salz, Pfeffer

Die Rebhühner entbeinen und das Fleisch fein hak-
ken. Die Brotscheiben rösten. Den Quark mit der
Crème fraîche cremig rühren. Die Knoblauchzehen
in der Fleischbrühe garen.
Eine feuerfeste Form mit Butter ausstreichen und
abwechselnd eine Lage mit der Quarkmischung be-
strichene Toastscheiben und eine Lage Rebhuhn
hineinschichten, bis die Zutaten aufgebraucht sind.
Jede Schicht kräftig mit Salz und Pfeffer würzen.
Die Fleischbrühe mit den Knoblauchzehen darübergeben und das Gericht zugedeckt bei schwacher Hitze 35–40 Minuten garen. In der Form auftragen.

REBHUHN MIT WIRSING

Perdriz aulx choulx

PERDRIX AUX CHOUX

Item pour faire perdriz aulx choulx prenes choulx et les faictes fort pourboullir puis les haches menu puis les mettes en bon bouillon de beuf avec de bon lart pour donner goust puis ayes du poyvre et en bouteras en lesdictz choulx mais garde quilz ne soyent trop espices/ ce faict ayes tes perdriz ou bizet en lieu de perdriz et les feras rostir et larderas de cloud de giroffle puis quant seront quasi cuyctes les bouteras en tes choulx et quilz soyent de bon sel.

Livre fort excellent de cuisine

Zutaten
für 4 Personen

1 oder 2 Rebhühner
4 Gewürznelken
1–2 EL Butter
150 g durchwachsener
Speck
1 großer Wirsingkohl
1 Glas Fleischbrühe
Salz
Pfeffer

Die Rebhühner mit den Gewürznelken spicken. Salzen, pfeffern und in Butter von allen Seiten anbraten.

In der Zwischenzeit den Kohl putzen, sorgfältig waschen und 10 Minuten in leicht kochendem, gesalzenem Wasser blanchieren. Auf einem Sieb gut abtropfen lassen.

Den Speck würfeln und in einem Schmortopf auslassen. Den Kohl grob hacken und auf die Speckwürfel schichten. Mit der Fleischbrühe aufgießen. Bei schwacher Hitze mindestens 1 1/2 Stunden garen lassen.

Wenn sie goldbraun und fast fertig gebraten sind, die Rebhühner auf den Kohl geben und den Bratensaft darüberträufeln.

Den Schmortopf fest verschließen und das Gericht bei sehr schwacher Hitze fertiggaren.

REBHÜHNER MIT ROSINEN

Perdriz a la tonollette

PERDRIX A LA TONOLLETTE

Pour faire perdriz a la tonollette prenes perdriz et les faictes rostir puis les tires et les boutes en ung pot / ce faict prenes du pain blanc hasle bien roux sans brusler et le mettes tremper en bon vin vermeil/ puis quant sera trempe le passeras par lestamine avec ung boullon de beuf ung petit de vinaigre et bouteras tout en ung pot avec les perdriz ung petit doignon souffrit en sain de lart pour espices canelle cloud muguette et menues espices ung petit de sucre et gouttes de sel : noublyes a y boutter une poignee de Raisin de Karesme.

Livre fort excellent de cuisine

Zutaten
für 6 Personen

2 junge Rebhühner
Butter zum Braten
Für die Sauce:
1 Scheibe Weißbrot
1 feingehackte Zwiebel
1 EL Butter
1 Glas guter Rotwein
2 EL Weinessig
1/2 TL Zimt
2 zerstoßene Gewürznelken
1 Prise Cayennepfeffer
1 Prise geriebener Muskat
1 Prise gemahlener
Kümmel
1 zerriebener Thymian-
zweig
1 Tl Puderzucker
Salz, Pfeffer
100 g Rosinen,
in warmem Wasser
eingeweicht

Die Rebhühner salzen, pfeffern und in Butter braten; vom Feuer nehmen, zerteilen, auf einem Servierteller anrichten und warmstellen.
Die gehackte Zwiebel in Butter braten.
Das geröstete und zerkleinerte Weißbrot in dem Wein einweichen.
Die Gewürze mit dem Weinessig vermischen.
Das eingeweichte Brot, die Zwiebel, die Gewürzmischung mit dem Essig und die abgetropften Rosinen zu dem Bratenfond der Rebhühner geben. Mit Salz abschmecken.
Die Sauce 5–10 Minuten köcheln lassen, über die Rebhühner gießen und heiß servieren.

TAUBEN MIT BACKPFLAUMEN UND DATTELN

Pigeons confitz

PIGEONS AUX FRUITS

Item pour faire pigeons confitz. Prenez pigeons et les faictes bien rostir puis les boutez en ung pot. Ce faict ayes du pain blanc qui soit rosty bien roux sur le gril et le faictes tremper en bon vin vermeil et le passer par lastamine et boutes en ton pot pruneaulz ayant paravant bouily ung boullon en eaue dattes et raisins de Karesme pour espices canelle batue muguette cloud et gingembre et sucre et goutter de sel et garde qu'il ne brusle. Noublie aussi bouter ung filet de vinaigre.

Livre fort excellent de cuisine

Zutaten
für 4 Personen

2 junge Tauben
Fett zum Braten
1 Scheibe Weißbrot
1 Glas guter Rotwein
15 saftige Backpflaumen
15 Datteln
150 g Rosinen, in warmem
Wasser eingeweicht
1/2 TL Zimt
1 Prise Cayennepfeffer
2 Prisen geriebene
Muskatnuß
2 zerstoßene Gewürznelken
2 Prisen gemahlener
Ingwer
1 TL Puderzucker
2 EL Weinessig
Salz
Pfeffer

Die Tauben salzen und pfeffern und im Backofen oder am Spieß braten. Zerteilen, auf einem Servierteller anrichten und warmstellen.

In der Zwischenzeit das Brot rösten, zerkleinern und in dem Wein einweichen.

Die Backpflaumen und Datteln entkernen und vierteln.

Das eingeweichte Brot gründlich mit den Gewürzen vermischen und den Weinessig hinzufügen. Diese Mischung mit dem Bratenfond der Tauben gründlich verrühren.

Die Backpflaumen, die Datteln und die abgetropften Rosinen hinzufügen und mindestens 10 Minuten köcheln lassen.

Die Sauce über die Tauben gießen.

Körnigen Reis dazu reichen.

WILDENTEN IN WEINSAUCE

Oyseau de riviere en potaige

SARCELLE OU CANARD SAUVAGE SAUCE AU VIN

Pour ung oyseau de riviere en potaige prenes vostre oyseau par quartiers ou entier ainsi qu'il vous plaira mettre/ prenez du boullon de bœuf qui soit gras mettes le cuyre en ung pot et du verius ou du vin blanc prenez pour les espices poyvre beau et gingembre et poyvre entier et chapplez du lard bien deslye et le mettez boullir avec saulge et ysope largement fait vesnir a court boullon.

Livre fort excellent de cuisine

Zutaten
für 4 Personen

2 junge Wildenten
1 Flasche weißer Bordeaux
2 EL Zitronensaft
4 fette Speckstreifen
1 Prise gemahlener Ingwer
Salz
gemahlener weißer Pfeffer
Pfefferkörner
5–6 Salbeiblätter
2–3 Zweiglein Ysop

Die bratfertigen, mit Salz und Pfeffer gewürzten Enten mit je 2 Speckstreifen umwickeln. Am Spieß braten, bis sie dreiviertel gar sind. Den Speck entfernen und die Vögel zerteilen. In der Zwischenzeit den Weißwein mit Zitronensaft, Pfeffer, etwas Salz, den Gewürzen und Kräutern zum Kochen bringen. Wenn die Flüssigkeit etwas eingekocht ist, den Bratenfond der Enten hinzufügen. Nun die Fleischstücke und den Speck dazugeben und fertig garen. Die Sauce soll dicklich einkochen.

Dazu passen in Butter gebratene Pilze – Steinpilze, Morcheln, Pfifferlinge oder Champignons –, die auf in Butter knusprig gebratenen Weißbrotecken angerichtet werden.

Boussac de connins ou de lièvre

LIÈVRE OU LAPIN DE GARENNE EN SAUCE

Premiérement les connins de garenne sont congneus à ce qu'ils ont le hasterel, c'est assavoir depuis les oreilles jusques vers les espaules, de couleur entre tanné et jaune, et sont tous blans soubs les ventres, et tous les quatre membres par dedans jusques au pié, et ne doivent avoir nulle autre tache blanche parmi le corps. — Item, l'on congnoist qu'ils sont dedans leur premier an, à ce qu'ils ont en la jointe des jambes de devant un petit osselet emprés le pié, et est agu. Et quant ils sont surannés la jointe est toute ounie; et aussi est-il des lièvres et des chiens. — Item, l'en congnoist qu'ils sont de fresche prise à ce qu'ils n'ont pas les yeulx enfoncés : l'en ne peut ouvrir les dents : ils se tiennent droit sur leur piés; et quant il est cuit, le ventre luy demeure entier. Et s'il est de vieille prise, il a les yeulx enfoncés : l'en luy euvre de légier la gueule : l'en ne le peut tenir droit et quant il est cuit, il a le ventre despécié. En yver, connins pris de huit jours sont bons, et en esté, de quatre jours, mais qu'ils n'aient sentu le soleil.

Et quant ils sont bien choisis et escorchiés, puis les despeciez par piéces quarrées, et les mettez parboulir, puis refaire en eaue froide : puis en chascune piéce, de chascun coté, trois lardons; puis les mettez boulir en eaue et du vin aprés. Adonc broyez gingembre, graine, clo de giroffle, et destrempez ou boullon de beuf ou du leur, et d'un petit de vertjus, et mettez dedens le pot et faites boulir jusques au cuire.

Boussac de lièvre : Nota que du lièvre freschement pris et tantost mengié, la char est plus tendre que de lièvre gardé.

Boussac de lièvre ou de connin se fait ainsi : harlez le lièvre en la broche ou sur le gril, puis le découpez par membres, et mettez frire en sain ou en lart : puis aiez pain brulé ou chappelleures deffais de boullon de beuf et de vin, et coulez, et faites boulir ensemble; puis prenez gingembre, clo de giroffle et graine; deffait de vertjus et soit brun-noir et non trop lyant. Nota que les espices doivent estre broyées avant que le pain.

Ménagier de Paris

Zutaten
für 6–8 Personen

1 Hase oder Wild-
kaninchen
1 gehäufter EL Schmalz
oder Butter
oder 100 g fetter Speck
100 g Weißbrot
2 Tassen Rinderbrühe
2 Glas guter Rotwein
1 TL gemahlener Ingwer
4 Gewürznelken
1 TL Kardamomkörner
1/2 Zitrone
Salz

Den Hasen am Spieß oder unter dem Grill anbraten, bis er von allen Seiten braun ist. Den Bratensaft aufbewahren.
Den Hasen in Stücke zerteilen.
Das Fett in einem Schmortopf zerlassen. Wenn es sehr heiß ist, die Fleischstücke hineingeben und darin weiterbraten. Den aufgefangenen Bratensaft hinzufügen.
In der Zwischenzeit die zerstoßenen Gewürze mit dem Zitronensaft verrühren.
Das Brot rösten und so fein wie möglich zerkleinern. Den Wein und die Rinderbrühe in einen Topf geben, das Brot darunterrühren, unter fortwährendem Rühren zum Kochen bringen und köcheln lassen, bis eine glatte Sauce entsteht. Salzen und den Zitronensaft mit den Gewürzen hinzufügen.
Wenn die Hasenstücke fast gar sind, die Sauce dazugeben und gründlich vermischen. Die Sauce darf nicht zu dickflüssig sein. Noch weitere 10–15 Minuten schwach köcheln lassen und eventuell nachwürzen.

Wildkaninchen werden genauso zubereitet, sollten aber mit Speckstreifen gespickt werden, weil ihr Fleisch trockener ist.

WILDENTE MIT MILCHSAUCE

Dodine

GIBIER D'EAU À LA SAUCE DITE « DODINE DE LAIT »

Pour faire dodine de layt sur tous oyseaux de rivière prenés du layt et le mettés en une paelle de fer pour recevoir la gresse des oyseaulx, prenés demye unce de gingembre pour deux platz, et passés par l'estamine avec deux ou trois moyeux d'œufz, et faictes boulir tout ensemble avec le layt : et y met-on du sucre qui veult; et quant les oiseaulx seront cuitz, mettés la dodine dessus.

Viandier de Taillevent

Zutaten
für 2–3 Personen

1 Wildente
1 große Tasse Milch
2 Eigelb
1/2 TL Puderzucker
1/2 TL gemahlener Ingwer
Salz

Die Ente unter ständigem Begießen am Spieß knusprig braun braten.

Eine große Tasse Milch zu dem Bratensaft in die daruntergestellte Bratenpfanne gießen. Wenn die Sauce anzusetzen beginnt, noch etwas mit Wasser verdünnte Milch hinzufügen.

Die fertig gebratene Ente kurz vor dem Servieren zerlegen.

Rasch die zwei Eigelb mit dem Ingwer und dem Puderzucker verquirlen, zu dem mit Milch verdünnten Bratensaft geben und verrühren. Kurz aufkochen lassen. Die Fleischstücke mit dieser Sauce übergießen und sehr heiß servieren.

Bemerkenswert ist der großzügige Umgang mit Gewürzen im Originalrezept: Von einer halben Unze gemahlenem Ingwer ist da die Rede – das wären 15 Gramm oder sechs Teelöffel, was nicht nur den Wildgeschmack völlig überdecken, sondern auch unsere Mägen und Geschmacksnerven strapazieren würde.

REHPFEFFER

Venaison aux soupes

CIVET DE CHEVREUIL

Prenés la venaison despecée par belles piéces et honnestes, et faictes boullir, et chescun son lardon, et faictes bouillir en ung pot avecques du bouillon de beuf, qui en pourra finer, ou de son bouillon mesmes, et mettés du vin vermeil, du mylleur que vous pourrez finer, et les espices, glou et graine et les broyer et destrampés de vertjus et d'ung pou de vin aigre, et mettés bouillir tout ensemble, et goutés de sel ainsi qu'il appartient.
Venoison de chevreuil pour mettre en souppez tout ainsi comme l'autre prédict.

Viandier de Taillevent

Zutaten
für 6 Personen

1 kg Rehfleisch
zum Schmoren
150 g durchwachsener
Speck
3 EL Butter oder Schmalz
1 Tasse Rehblut
oder
gute Rinderbouillon
1/2 l Rotwein
1 Kräutersträußchen
(siehe S. 66)
mit etwas Bleichsellerie
2 zerstoßene Gewürznel-
ken
1/2 TL Zimt
1 TL Korianderkörner
Kardamomkörner
aus 10 Schoten
2 EL Weinessig
oder Zitronensaft
Salz

Das Fleisch in ziemlich große Würfel schneiden. Den Speck würfeln, in dem Fett auslassen und das Fleisch darin anbraten. Das Kräutersträußchen hinzufügen. Das Rehblut bzw. die Bouillon mit dem Wein vermischen und zu dem Fleisch gießen; gut umrühren, salzen.
Je nach Zartheit des Fleisches 1 1/2–2 Stunden bei schwacher Hitze schmoren lassen.
Die gemahlenen oder fein zerstoßenen Koriander- und Kardamomkörner, den Zimt und die Gewürznelken mit etwas Zitronensaft oder Essig gründlich verrühren. Eine halbe Stunde vor Beendigung der Garzeit zu dem Fleisch in den Schmortopf geben, umrühren. Wenn sie zu stark eingekocht ist, die Sauce mit einer Mischung aus einem Drittel Wasser und zwei Dritteln Wein verlängern und vor dem Servieren nochmals abschmecken.
Mit in Butter gebratenen Weißbrotecken und Reis oder mit gekochten Kastanien servieren.

Nach demselben Rezept können Sie auch Rindfleisch zubereiten.

FRISCHLINGS- ODER REHRAGOUT

Lardeaulx de venaison

BOURGUIGNON DE MARCASSIN OU DE CHEVREUIL

Pour faire lardeaulx de venayson ou y faulte de venaison prenes du beuf et le couppez en pieces aussi grant que quatre doigz carre et lardez chascun de trois ou quatre lardons mettez le cuyre en beau boullon de bœuf prenez du vin vermeil et le mettez cuyre avec et du vinaigre. Et le mettez cuire a court boullon pour les espices canelle menue espice noix de muscade et le assavoures de sel. Aussi pour une aultre prenez du boullon de beuf de verius gingembre pour les espices fesnoil vert et laissez venir a court boullon.

Livre fort excellent de cuisine

Zutaten
für 6 Personen

1 kg Frischlings-
oder Rehfleisch
150 g durchwachsener
Speck
2 EL Butter oder Öl
2 Tassen Fleischbrühe
3 Glas guter Rotwein
2 EL Weinessig
1/4 TL Zimt
1/4 TL gemahlene
Muskatnuß
1 Zweiglein Thymian
1 Lorbeerblatt
1–2 Gewürznelken
Salz

Das Fleisch in große Würfel schneiden. Jedes Stück mit 3–4 Streifen durchwachsenem Speck umwickeln.

In einem Schmortopf Butter oder Öl erhitzen und die Fleischstücke bei schwacher Hitze darin anbraten. Wenn sie braun sind, salzen und mit dem erhitzten Wein und der heißen Brühe übergießen. Das Fleisch sollte knapp mit Flüssigkeit bedeckt sein. Zimt, Muskat, Thymian, Lorbeer, Gewürznelken und Essig hinzufügen.

Bei schwacher Hitze gut 2 Stunden schmoren lassen. Falls die Sauce zu stark eingekocht ist, noch etwas Wein hinzufügen.

Das Ragout schmeckt besonders gut, wenn es am Vortag zubereitet und wieder aufgewärmt wird.

Sie können statt Wild auch Rindfleisch nehmen und mit Ingwer und Fenchelsamen statt mit Zimt würzen.

WILDSCHWEIN IN MARINADE

Bourbelier de sanglier

SANGLIER EN MARINADE

Primo le convient mettre en eaue boulant, et bien tost retraire et boutonner de giroffle; mettre rostir, et baciner de sausse faicte d'espices, c'est assavoir gingembre, canelle, giroffle, graine, poivre long et noix muguettes, destrempé de verjus, vin et vinaigre, et sans boulir l'en baciner; et quand il sera rosti si boulez tout ensemble. Et ceste sausse est appelée *queue de sanglier*, et la trouverez cy-après (et là il la fait lyant de pain : et cy, non).

Ménagier de Paris

Zutaten
für 6 Personen

1 kg Wildschweinbraten
4 Gewürznelken
50 g Butter
Salz und Pfeffer
Für die Marinade:
genügend Rotwein,
um das Fleisch
zu bedecken
Saft einer Zitrone
2 EL Weinessig
15 Pfefferkörner
Kardamomkörner
von 4 Schoten
1/2 TL Zimt
1/2 TL gemahlener Ingwer
2 Gewürznelken
1 Prise Cayennepfeffer

Das Fleisch am Vortag in die Marinade legen.
Herausnehmen, abtrocknen, mit den Nelken spikken und am Spieß oder im Schmortopf mit Butter braten.
Nach der Hälfte der Garzeit in einem zweiten Topf die Marinade aufkochen lassen.
Den Braten gegebenenfalls vom Spieß nehmen und in einen Schmortopf geben.
Mit der heißen Marinade übergießen und noch eine Zeitlang schwach darin köcheln lassen.

WILDSCHWEINBRATEN

Pour venayson de sanglier

VENAISON DE SANGLIER

Pour faire venaison de sanglier aux nouveaulx[1] tu bouteras ta venaison en belle pièce larde de deux doigz puis la feras bouillir en bon bouillon ce faict tu bouteras tes nouveaulx dedens tu auras du pain bis brusle et le feras tremper en vin et passer par lestamine avec du boullon de la dicte venaison et la bouter en ton pot/ pour espices muscade menue espice et canelle/ noublie avoir de loignon cuytz en bon boullon et passer par une estamine et bouter en ton pot et goustes de sel.

Livre fort excellent de cuisine

1. Navets.

Zutaten
für 6 Personen

1 Wildschweinbraten
(ca. 1,2 kg)
100 g durchwachsener
Speck
2 EL Butter
4 Zwiebeln
1 Glas Rotwein
1 Scheibe Weißbrot
1/2 TL gemahlene
Muskatnuß
1/2 TL gemahlener Zimt
1 zerriebener Thymian-
zweig
1 Prise Kümmel
1 Prise Cayennepfeffer
Kardamomkörner
von 6 Schoten
Salz

Das Fleisch mit dem Speck spicken. Zusammen mit den Zwiebeln in einem mit Butter ausgestrichenen Schmortopf anbraten.
Die Gewürze und den zerriebenen Thymian in den Rotwein rühren und diesen erhitzen. Wenn der Braten goldbraun ist, die Hitze reduzieren. Den sehr heißen Rotwein mit den Gewürzen hinzufügen. Zudecken und das Fleisch bei schwacher Hitze eine Dreiviertelstunde bis 1 Stunde schmoren lassen.
10 Minuten vor dem Servieren das zerkleinerte Weißbrot an den Bratensaft geben und gut verrühren, damit die Sauce eine festere Konsistenz bekommt.
Als Beilage weiße Rübchen reichen.

WEISSE RÜBCHEN MIT KASTANIEN

Navés

NAVETS AUX CHÂTAIGNES

Qui a navés jeunes et petits, l'en la doit cuire en eaue et sans vin pour le premier boullon, puis getter l'eaue, et puis parcuire en eaue et vin et des chateingnes dedens, ou qui n'a chateingnes, de la sauge : puis servir comme dessus.

Ménagier de Paris

Zutaten
für 4 Personen

1 kg weiße Rübchen
250 g geschälte Kastanien
2 Salbeiblätter
1 Glas Weißwein
Salz

Die Rübchen gründlich waschen und schälen. 5 Minuten in kochendem gesalzenen Wasser blanchieren.
Die Kastanien mit einem spitzen Messer an einer Seite leicht einschneiden und handvollweise in kochendes Wasser geben. Nach einigen Minuten herausnehmen und aus der Schale lösen.
Die Rübchen aus dem Wasser nehmen, abtropfen lassen und mit den Kastanien und dem Salbei in einen Topf geben.
1 Glas Weißwein und 1 Glas Wasser hinzufügen, salzen und zum Kochen bringen.
Wenn die Flüssigkeit eingekocht ist, die Hitze verringern und noch mindestens 30 Minuten bei schwacher Hitze köcheln lassen.

Das Originalrezept schlägt zwar vor, entweder Kastanien oder Salbei zu verwenden, doch beides zusammen schmeckt ausgezeichnet.

Gemüse

Wurzelgemüse war zu jeder Zeit geschätzt

WEISSKOHL

Choulx

CHOUX

Et sachez que choulx veulent estre mis au feu dès bien matin, et cuire tréslonguement et plus longuement que nul autre potage, et à bon feu et fort, et doivent tremper en gresse de beuf et non autre, soient pommes ou choulx ou quels qu'ils soient, excepté minces. Sachez aussi que eaue grasse de beuf et de mouton y est propre, mais non mie de porc; celle de porc n'est pas bonne fors pour poreaux.

Aprés, l'en fait choulx, à jour de poisson, aprés ce qu'ils sont pourboulis, cuire en eaue tiéde : et mettre de l'uille et du sel.

Item, avec ce, aucuns y mettent du gruyau.

Item, en lieu d'uille, aucuns y mettent beurre.

A jour de char, l'en y met pigons, saussisses et lièvre, fourques et foison lart.

Ménagier de Paris

Zutaten
für 4 Personen

1 kg Weißkohl
1 Stück altbackenes Brot
2 Tassen fette Rinderbrühe
Salz

Den Kohl putzen, die Blätter trennen und, wie der ›Ménagier de Paris‹ empfiehlt, auch die Rippen verwenden, aber kleinschneiden.

Die Kohlblätter gründlich waschen. Zunächst in kochendem Wasser 10 Minuten blanchieren; dabei ein Stück altbackenes Brot mitkochen, das den strengen Geschmack mildern soll und später entfernt wird.

Abtropfen lassen und erneut in fetter Rinderbrühe aufsetzen.

Der ›Ménagier de Paris‹ weist nachdrücklich darauf hin, daß alle Kohlsorten sehr lange auf kleinem Feuer kochen müssen, und zwar in fetter Rinder- oder Hammelbrühe und keinesfalls in Schweinebrühe.

Als Beilage zu gebratenen Tauben, Hasen, zu Würstchen oder Speck servieren, die aber gesondert zubereitet werden.

PORREECREME MIT MANDELN

Porée blanche

CRÈME DE POIREAUX AUX AMANDES

Porée blanche est dicte ainsi pour ce qu'elle est faite du blanc des poreaux, à l'eschinée, à l'andoulle et au jambon, ès saisons d'automne et d'iver, à jour de char; et sachez que nulle autre gresse que de porc n'y est bonne. Et premièrement l'en eslit, lave, mince et esverde les poreaux, c'est assavoir en été, quant iceulx poreaux sont jeunes; mais en yver, quant iceulx poreaux sont plus viels et plus durs, il les convient pourboulir en lieu d'esverder, et se c'est à jour de poisson, après ce que dit est, il les convient mettre en pot avec de l'eaue chaude et ainsi cuire, et aussi cuire des oignons mincés, puis frire les oignons, et après frire iceulx poireaux avec les oignons qui ja sont fris; puis mettre tout cuire en un pot et du lait de vache, se c'est en charnage et à jour de poisson; et se c'est en karesme, l'en y met lait d'amandes. Et se c'est à jour de charquant iceulx poreaux d'ésté sont esverdés, ou les poreaux d'yver pourboulis comme dit est, l'en les met en un pot cuire en l'eaue des saleures, ou du porc et du lart dedans.

Nota que aucunesfois à poreaux, l'en fait lioison de pain.

— Item Porée blanche de bettes se fait comme dessus en eaue de mouton et beuf ensemble, mais non point de porc; et à jour de poisson, au lait ou d'amandes ou de vache.

Ménagier de Paris

Zutaten
für 4 Personen

1 kg Porree
3 Zwiebeln, in feine
Ringe geschnitten
1 EL Butter oder Schmalz
2 EL geschälte Mandeln,
im Mixer zerkleinert
2 Tassen Milch

Nur das Weiße der Porreestangen verwenden. Sorgfältig waschen, abtropfen lassen und in feine Ringe schneiden.

Die Zwiebelscheiben in dem Fett anbraten, den Porree dazugeben und das Gemüse gardünsten.

In einem Topf die Milch mit den Mandeln zu einer dickflüssigen Creme einkochen lassen. Den Porree hinzufügen, salzen und bei schwacher Hitze etwa 10 Minuten köcheln lassen.

Die Porreecreme eignet sich als Beilage zu Schinken oder zu gebratenem Schweinenacken.

Im Winter ist Porree weniger zart. Es empfiehlt sich, ihn in kochendem Salzwasser 10 Minuten zu blanchieren und gründlich abtropfen zu lassen, bevor man ihn in Ringe schneidet und in das Fett gibt.

KRESSE UND MANGOLD IN MANDELMILCH

Porée de cresson en karesme au lait d'amandes

PORÉE DE CRESSON ET DE BETTES AU LAIT D'AMANDES

Prenez votre cresson et le mettez pourboulir et une pongnée de bettes avec hachées, et les friolez en huille, puis la mettez boulir en lait d'amandes; et en charnage, friolez au lart et au beurre tant qu'il soit cuit, puis destrempez de l'eaue de la char ou au fromage et dressiez tantost, car il roussiroit. Toutesvoies, se l'en y met percil, il ne doit point estre esverdé.

Ménagier de Paris

Zutaten
für 4 Personen

2 Bund Brunnenkresse
500 g Mangoldstiele
(grün und weiß)
1 EL Öl
1 Tasse Mandelmilch
(siehe Seite 210)
1 EL gehackte Petersilie
Salz
Pfeffer

Die Gemüse waschen, putzen und grob hacken.
10 Minuten in kochendem Wasser blanchieren.
Abtropfen lassen und in einer Pfanne mit etwas Öl unter ständigem Rühren erhitzen, bis die Flüssigkeit ganz verdampft ist.
In einem Topf die Mandelmilch erhitzen und das Gemüse hinzufügen.
Salzen, pfeffern und fertiggaren.
Mit gehackter Petersilie bestreut servieren.

Dieses Rezept war für die Fastenzeit gedacht – man kann auch Speck oder Butter statt Öl und Fleischbrühe statt Mandelmilch verwenden und das Gemüse mit geriebenem Käse bestreut servieren.

SPINAT MIT SPECK

Porée noire

ÉPINARDS AU LARD

Porée noire est celle qui est faite à la ribelette de lart; c'est assavoir que la porée est esleue, lavée, puis mincée et esverdée en eaue boulant, puis fritte en la gresse des lardons; et puis alaier d'eaue chaude frémiant (et dient aucuns, qui la laveroit d'eaue froide, qu'elle seroit plus laide et noire), puis convient mettre sur chascune escuelle deux lardons.

Ménagier de Paris

Zutaten
für 4 Personen

1 kg Spinat
8 Scheiben
durchwachsener Speck
Salz

Den Spinat sorgfältig waschen, tropfnaß in einen Topf geben. Salzen und 5 Minuten garen.

In der Zwischenzeit in einer Pfanne die Speckscheiben auslassen. Wenn sie goldbraun und knusprig sind, auf einen Teller geben.

Den Spinat abgießen, in kaltem Wasser abschrekken, abtropfen lassen und gründlich ausdrücken. Fein hacken, in die Pfanne mit dem ausgelassenen Fett geben und bei schwacher Hitze darin dünsten, bis das Gemüse weich und dunkelgrün ist; wenn nötig nachsalzen.

Auf einem Servierteller anrichten und die Speckscheiben darübergeben. Man kann den Spinat zusätzlich mit in Butter gebratenen Weißbrotecken garnieren.

Zwei wachsweiche Eier pro Person machen daraus ein vollständiges Gericht.

(Sie können den Spinat durch zwei Drittel grüne Mangoldblätter und ein Drittel Sauerampfer ersetzen; oder durch ein Drittel Blätter von roten Rüben, ein Drittel grüne Mangoldblätter und ein Drittel Sauerampfer. Dies geht aus anderen Rezepten des ›Ménagier‹ hervor, die ich hier nicht eigens wiedergebe.)

PÜREE VON JUNGEN ERBSEN

Cretonnées

CRETONNÉE DE POIS NOUVEAUX OU DE FÈVES NOUVELLES

Cretonnée de pois noviaux. Cuisés les jusques au purer, et frisiés en sain de lart; puis prennés lait de vache ou d'almendes, et le bouillés une onde et metés vostre pain dedans vostre lait; prennés gingembre et saffren broié, et deffaites de vostre bouillon, et faites boulir; prenés poulles cuites en eaue, et les metez dedans par quartiers, et frisiés; puis metés boullir avecques; puis traiés arriére du feu, et fillés moieux d'œufs grant foison.

Cretonnée de feuves nouvelles. Auxi comme dit est des poes nouviaux.

Viandier de Taillevent

Cretonnée de pois nouveaulx ou feves nouvelles. Cuisiez-les jusques au purer, et les purez, puis prenez lait de vache bien frais, et dictes à celle qui vous le vendra qu'elle ne vous le baille point s'elle y a mis eaue, car moult souvent elles agrandissent leur lait, et s'il n'est bien frais ou qu'il y ait eaue, il tournera. Et icelluy lait boulez premiérement et avant que vous y mettez riens, car encores tourneroit-il : puis broiez premiérement gingembre pour donner appétit et saffran pour jaunir : jasoit-ce que qui le veult faire lyant de moieulx d'œufs filés dedans, iceulx moieulx d'œufs jaunissent assez et si font lioison, mais le lait se tourne plus tost de moyeulx d'œufs que de lioison de pain et du saffran pour coulourer. Et pour ce, qui veult lier de pain, il convient que ce soit pain non levé et blanc, et sera mis trempé en une escuelle avec du lait ou avec du boullon de la char, puis broyé et coulé par l'estamine; et quant vostre pain est coulé et vos espices non coulées, mettez tout boulir avec vos pois; et quant tout sera cuit, mettez adonc vostre lait et du saffran. Encores povez-vous faire autre lioison, c'estassavoir des pois mesmes ou des féves broyées, puis coulées; si prenez laquelle lioison que mieulx vous plaira. Car quant est de lioison de moieulx d'œufs, il les convient batre, couler par l'estamine, et filer dedens le lait, aprés ce qu'il a bien boulu et qu'il est trait arriére du feu avec les pois nouveaulx ou fèves nouvelles et les espices.

Ménagier de Paris

**Zutaten
für 6 Personen**

1 kg junge Erbsen
Salz, Zucker
1 EL Crème fraîche
oder Butter
2 1/2 Tassen Milch
2 Scheiben Weißbrot,
geröstet und zerkleinert
1 TL gemahlener Ingwer
evtl. 1 Prise Safran
2 Eigelb
evtl. etwas Fleischbrühe
1 Stück Zucker

Die Erbsen in etwas Wasser mit Salz und Zucker zu Püree kochen. Mit Crème fraîche oder Butter verrühren.
Die Milch aufkochen lassen und das Brot hineingeben, mit Ingwer und eventuell mit Safran würzen, wenn nötig mit wenig Fleischbrühe verdünnen. Einige Minuten köcheln lassen.
Mit dem Erbsenpüree vermischen und die Masse im Mixer pürieren.
Die verquirlten Eigelb darunterrühren und nochmals abschmecken.
Als Beilage zu gebratenem Huhn reichen.

Nach diesem Rezept können Sie auch junge dicke Bohnen zubereiten.

PÜREE VON DICKEN BOHNEN

Feves frese en potaige

PURÉE DE FÈVES

Metz ta fève fresé, bien nettoyée et lavée, emprés le feu, et quant commencera abouillir exprimis l'eaue et la metz hors du pot, et y en metz de rechef de fraiche par autant que surmontequelque deux doyz, et y metz du sel à ton advis, et fais bouillir ta potée bien couverte loing de la flambe, pour cause de la fumée, et ce jusques ta dicte potée sera bien cuyte et rédigée forment en paste. Aprés, la mettras au mortier et agiteras, et mesleras icelle trés bien, et la réduyras en ung corps, puis de rechief, la tourneras à son dict pot et le feras chauffer.

Et quant vouldras faire tes plats ou escuelles, confiras ta viande en ceste composte qui sensuit. Et cuyras, premiérement des oignons découpez bien menu en huyle fervent dedans ung pot, y mettras de la saulge, des figues ou des pommes, découpées bien menu à petis loppins. Et ceste confection toute boulant et fervente infondiras, et mettras dedans tes platz ou escuelles où sont tes dictes fèves, et présenteras sur table; aulcuns y veulent par dessus inspargir des espices.

Viandier de Taillevent

Zutaten
für 4 Personen

2 kg dicke Bohnen
in der Schote
oder 1 kg enthülst
2 große Zwiebeln,
in Ringe geschnitten
1 EL Butter oder 2 EL Öl
10 getrocknete Feigen
oder 2 frische Äpfel
2 Salbeiblätter
Salz

Die Bohnen enthülsen und die kleinen Spitzen an einer Seite der Kerne entfernen. 5 Minuten in gesalzenem Wasser blanchieren und abtropfen lassen.
In einem Topf mit frischem Wasser zum Kochen bringen und zugedeckt kochen lassen, bis sie weich sind. Erneut abtropfen lassen.
Die Bohnen pürieren.
In der Zwischenzeit die Zwiebelringe in heißer Butter oder Öl braten. Die sehr fein geschnittenen Feigen oder Äpfel – oder beides zusammen – sowie die Salbeiblätter dazugeben und kurz durchbraten.
Unter das Bohnenpüree mischen.
Als Beilage zu Braten reichen.

KÜRBISAUFLAUF

Potaige de courge

POTIRON AU GRATIN

Item pour faire potaige de courge. Prendres des gourdes et les pourbouilles et quant elles seront fort bouillés si les haches tresbien et les broyes en ung mortier / puis les passés avec du beurre frais et faict pour le boullon et ayes des moyeuls d'œufz quant il sera boulli et les frisez dedans comme vous feries pour cresme fritte. Ayes du fin fourmaige et le mettez fondre avec et troublez et mouilles tout ensemble et y mettes ung peu de gingembre Ung peu de saffran / grandt foison de sucre. Item pour avoir bonne gelée avec des espices vous mettres avec despices cerfueil.

Livre fort excellent de cuisine

Zutaten
für 6 Personen

1 Stück Kürbis (ca. 1 kg)
1 Tasse Milch
50 g Butter
3 Eigelb
70 g geriebener Käse
30 g Käse zum Gratinieren
1 Prise gemahlener Ingwer
1 Messerspitze Safran
1 TL Zucker
evtl. etwas Kerbel
Salz

Den Kürbis waschen, schälen und in kleine Stücke schneiden. 20 Minuten in 2 Tassen kochendem Salzwasser garen. Gründlich abtropfen lassen.
In einer Schüssel die Eigelb mit der Milch verquirlen, den geriebenen Käse, die Gewürze und den Zucker hinzufügen. Die Kürbisstücke im Mixer pürieren und mit der Eimischung verrühren. Die Butter in kleinen Stückchen darunterrühren.
Eine feuerfeste Form mit Butter ausstreichen und die Mischung hineingeben. Den restlichen Käse darüberstreuen, mit Butterflöckchen besetzen und etwas salzen.
Im Backofen goldbraun backen.
Eventuell kurz vor dem Servieren mit 1 EL gehacktem Kerbel bestreuen.

Dieser Kürbisauflauf galt im Mittelalter als Delikatesse und wurde zum Beispiel anläßlich eines festlichen Weihnachtsbanketts für kirchliche Würdenträger gereicht.

ÜBERBACKENE LINSEN

Lenticulas

LENTILLES OU HARICOTS SECS AU FROMAGE

I - 38. Lenticulas bene lotas et electas pone ad coquendum cum herbis odoriferis, oleo, sale, et safran. Et cum fuerint decocte, tere bene; et, super positis ouis debatutis et caseo sicco grattato et da comedere.

39. Accipe lenticulas et pone ad coquendum et cum eis carnes pingues salsas uel aliam pinguedinem suffrictam, et prepara ut sint sine ouis et caseo.

40. De fasseolis : fasseolos perbullitos lotos pone ad ignem ad coquendum cum oleo et cipola et bonis speciebus et caseo grattato et ouis batutis.

Liber de Coquina

Zutaten
für 6 Personen

600 g gewaschene Linsen
1 Kräutersträußchen
(siehe S. 66)
1 EL Butter
1 TL gemahlener Kümmel
oder 1 Prise Safran
3 hartgekochte Eier
50 g geriebener Gruyère

Die Linsen mit dem Kräutersträußchen in einen Topf mit kaltem gesalzenem Wasser geben und zugedeckt langsam zum Kochen bringen. Bei schwacher Hitze in 1–1 1/2 Stunden garköcheln lassen. Wenn nötig abtropfen lassen. Das Kräutersträußchen entfernen.

Ein großes Stück Butter in eine feuerfeste Form geben und die Linsen hineinfüllen. Die hartgekochten Eier hacken und darübergeben.

Mit geriebenem Käse bestreuen, unter dem Grill überbacken und servieren.

Das Gericht läßt sich auch mit weißen Bohnenkernen zubereiten.

Riz engoulé

RIZ AU SAFRAN

Ris engoulé à jour de mengier char. Eslisez le et le lavez en deux ou trois paires d'eaues chaudes, tant que l'eaue reviengne toute clère, puis le faites ainsi comme demy cuire puis le purez et mettez sur tranchouers en plas pour esgouter et séchier devant le feu : puis cuisiez bien espois avec l'eaue de la gresse de la char de beuf et avec du saffran, se c'est à jour de char.

Ménagier de Paris

Zutaten
für 4 Personen

125 g Reis
2 Tassen Fleischbrühe
1 Prise Safran
Salz

Den Reis mehrmals waschen.
1 1/2 Liter Salzwasser zum Kochen bringen, den Reis hineingeben und 10 Minuten kochen lassen.
Abtropfen lassen, in einen Schmortopf umfüllen und ohne Deckel bei sehr schwacher Hitze trocknen lassen.
Den Safran in 2 Tassen Fleischbrühe auflösen und über den Reis gießen.
Zugedeckt bei schwacher Hitze mindestens 10 Minuten weitergaren, bis die Flüssigkeit aufgesogen ist.
Wenn nötig nachsalzen.

Nachspeisen

Die Zubereitung der Teigwaren unterschied sich nicht wesentlich von der heutigen – so kennen wir zum Beispiel ein mittelalterliches Rezept für Lasagne, das einem modernen Kochbuch entstammen könnte.

FLADENKUCHEN

FOUACE

Forcres hoc modo fit : tere gastellum uel alium panem album in ferroo infrixorio subtilissime et minutissime. Postea, cum aqua calida distempera. Deinde, tere species cum croco amigdalarum uel alie lacte apponendo. Et, si uis, uitellaouorum appone, et incorpora predicto gastello et dequoque in patella uel poto bene mouendo. Et si uis, post, appone uitella ouorum diligenter conquassata. Quo in scutellis posito, super asperge puluerem specierum.

Et quo dixi de lacte, idem dico posse fieri de brodio pingui carnium qui voluerit.

Tractatus

Zutaten
für 4 Personen

250 g Weißbrot ohne Rinde
3–4 EL lauwarmes Wasser
4 EL Milch
50 g gemahlene Mandeln
1 Päckchen Backpulver
3 Eigelb
1 Prise Salz
1/2 TL Zimt
1/2 TL gemahlener Anis

Obwohl dieser Kuchen im Mittelalter fast täglich auf den Tisch kam, findet man in so bekannten Kochbüchern wie dem ›Viandier de Taillevent‹ oder dem ›Ménagier de Paris‹ kein Rezept dafür; wahrscheinlich, weil es allen Hausfrauen geläufig war.

Alle Zutaten im Mixer verrühren.
Den Teig gut durcharbeiten, bis er locker ist.
In eine mit Butter ausgestrichene Form geben und im heißen Backofen 10 Minuten backen, dann die Hitze reduzieren und in ca. 35 Minuten fertigbakken.

Sie können die Mandeln weglassen, statt der Gewürze eine Messerspitze gemahlene Muskatnuß verwenden und 200 Gramm Grieben darunterrühren.
Den Teig in einer Reisrand- oder Ringform backen.

AUSGEBACKENE CREMESCHNITTEN

Cresme fritte

CRÈME FRITE

Pour faire cresme fritte la feras en ceste manère : prens bone cresme et la boutte
sur le feu avec bon beurre frais quant commencera a bouillir ayes,mye de pain blanc
que gecteras dedans pour la trousser et force de sucre. Ce faict ayes moyeulx
doeulz passes par lestamine avec laict de vache et les bouttes en ludicte poelle puis
quant verres quelle sera asses cuycte et troussée la servires en platz et bouteres sucre
par dessus.

Livre fort excellent de cuisine

Zutaten
für 6 Personen

200 g süße Sahne
100 g frische Butter
250 g Zucker
150 g altbackenes Brot
6 Eigelb
gut 1/2 Tasse Milch
Zum Aromatisieren:
1 Prise Zimt
oder
abgeriebene Schale
einer Zitrone
oder
2 EL Orangenwasser
Zum Ausbacken:
100 g Butter
2 Eier
50 g Semmelbrösel
Zucker zum Bestreuen

In einem Topf die Butter und den Zucker mit der Sahne langsam zum Schmelzen bringen. Das fein zerkleinerte altbackene Brot hinzufügen. Mit etwas Zimt, abgeriebener Zitronenschale oder Orangenwasser aromatisieren.
Den Topf vom Herd nehmen. Vorsichtig die mit der Milch verquirlten Eigelb unter die Mischung rühren. Bei schwacher Hitze unter ständigem Rühren so lange köcheln lassen, bis die Creme sehr dickflüssig wird. In eine mit Butter oder Öl ausgestrichene feuerfeste Form füllen, die so groß ist, daß die Masse nicht höher als 1 cm darin steht. Abkühlen lassen.
Die Creme in kleine quadratische Stücke schneiden, diese zuerst in verquirltem Ei und dann in Semmelbröseln wenden und in heißer Butter goldbraun ausbacken.
Auf Küchenpapier entfetten und mit Zucker bestreut heiß servieren.

Im mittelalterlichen Rezept wird das Ausbacken nicht erwähnt – vermutlich, weil es selbstverständlich war, wie schon die Überschrift besagt.

WEINCREME

C resme bastarde

CRÈME AU VIN

P̄our faire cresme bastarde la feras en cette facon. P̄rens du vin blanc et le boute sur le feu en une terine avec une livre de bon beurre frais. P̄uis quant il commencera a boullir tu auras mye de pain blanc esmye bien deslye que tu bouteras dedans. Et quand tu verras quelle se lyera tu iecteras du sucre dedans a foyson et ung petit de saffran batu. Et no gueres. Ce faict to auras moyeulx doeufs passez par lestamine avec ung petit de vin blanc que tu iectaras dedans ta poelle. Et quant verras quelle sera asses troussee ostes la du feu et boute la en plat sucre par dessus.

Livre fort excellent de cuisine

Zutaten
für 6 Personen

1 Flasche Weißwein
150 g Butter
150 g Weißbrot ohne
Rinde
250 g Zucker
6 Eigelb
4 EL Weißwein
gemahlener Zimt
oder 1 Prise Safran

Im Mixer die Butter cremigrühren und mit dem Brot vermischen. Nach und nach den Wein hineinrühren. Die Mischung in einen Topf geben und unter fortwährendem Rühren langsam zum Kochen bringen, so daß die Creme dickflüssig wird.
Nun den Zucker und die mit 4 Eßlöffeln Wein vermischten Eigelb hinzufügen.
Die Creme bei sehr schwacher Hitze unter Rühren weiterkochen lassen, bis sie ziemlich fest ist.
In eine Schüssel umfüllen und mit Zucker und Zimt oder Safran bestreut servieren.

TEIGTASCHEN MIT CREMEFÜLLUNG

Tartelettes de cresme

RISSOLES À LA CRÈME AU VIN

Pour tartelettes de cresme bastarde. Laissez les refroidir avant que les faciez et les faictes petites ainsi que celles de moelle de beuf. Et mettez au servir du sucre. Et gardez de les effondrer comme dict est devant.

Livre fort excellent de cuisine

Zutaten
für 8 Personen

300 g Mürbeteig
(siehe Seite 168)
Weincreme aus 1/2 l Wein
(siehe Seite 163)
100 g Butter
Zucker zum Bestreuen

Aus einem halben Liter Wein eine feste Weincreme nach dem Rezept auf Seite 163 zubereiten.
Den Mürbeteig sehr dünn ausrollen. Mit einer Ausstechform oder einem Glas runde Teigblätter ausstechen (sie sollten möglichst klein sein, damit sie beim Backen nicht auseinanderbrechen). Auf jedes Teigblatt einen Löffel Weincreme setzen und die Teigränder anfeuchten.
Mit einem zweiten Teigblatt bedecken und die Ränder mit dem Gabelrücken zusammendrücken.
Die Butter erhitzen und die Teigtaschen darin goldbraun ausbacken. Auf Küchenpapier entfetten und mit Zucker bestreut heiß servieren.

Die Teigblätter können auch halbmondförmig über der Füllung zusammengefaltet werden.
Sie lassen sich auch im Backofen backen, doch dauert das länger.

SÜSSE KÄSETORTE

Tartre bourbonnaise

TARTE BOURBONNAISE SUCRÉE

Tartre bourbonnaise, fin fromage broyé, destrampé de cresme, et des moyeux d'œufz, souffisamment; et la crouste bien poistrie d'œufz, et soit couverte le couvercle entier, et orengé dessus.

Viandier de Taillevent

Zutaten
für 6 Personen

Für den Teig:
60 g zerlassene Butter
2 Eier
160 g Mehl
1 EL Wasser
1 Prise Salz
Für den Belag:
250 g Sahnequark,
gut abgetropft
250 g Crème fraîche
3 Eier
120 g Zucker
Saft einer Orange
Schale einer Zitrone,
im Mixer zerkleinert

Die Zutaten für den Teig schnell miteinander vermischen und ihn nicht mehr als notwendig bearbeiten. Falls der Teig klebrig ist, etwas Mehl hinzufügen.
Auf einem bemehlten Backbrett ausrollen und eine mit Butter ausgestrichene Tortenform damit auslegen.
Die Zutaten für den Belag gründlich miteinander verrühren und auf den Teigboden füllen. Bei starker Hitze 10 Minuten backen.
Die Hitze reduzieren und in ca. 35 Minuten fertigbacken.

SALBEIKRAPFEN

Brugnes

BEIGNETS À LA SAUGE

Prenez harbe qui se appelle orvale, et la broyer, et deffaicte de aigue clère, et il
mecter, et bater avec farine bien buretelée; et il mecter du miel avec, et ung pol de
vin blanc, et le batez ensamble tant qu'il soit cleret; puis frissiez en huille par peties
cuillerez, comme l'on fait brugnes¹, et mecter bien de romany sur chacun fritel; et
espreignés vous fritelles entre deux tranchevas pour esgouttez l'uille; puis les mecter
en ung bel pout neuf prés du feu, et mecter du succre, à dressiez sur votre plat.

Viandier de Taillevent

Zutaten
für 6 Personen

Für den Teig:
250 g Mehl
1/2 Glas Wasser
1/4 Glas Weißwein
1 EL Honig
1 TL Salbeiblätter

Öl zum Ausbacken
1 Zweiglein Rosmarin
Zucker zum Bestreuen

Alle Zutaten für den Teig zu einer glatten Masse
verrühren.
In einer Pfanne das Öl mit dem Rosmarinzweig sehr
stark erhitzen.
Den Teig teelöffelweise in das Öl geben und die
Beignets von beiden Seiten goldbraun darin ausbacken. Wenn nötig etwas Öl nachgießen, aber
heiß genug werden lassen, bevor weitere Krapfen
gebacken werden.
Auf Küchenpapier entfetten und mit Zucker bestreut
heiß servieren.

In England ist diese etwas ungewöhnliche Zusam-
menstellung auch heute noch beliebt.

CRÊPES MIT KERBEL

Oublyes farcees

CRÊPES AU CERFEUIL

Pour faire oublyes farcees vous prendrez du cerfeuil et le pourbouillez et le hachez bien deslye. Et quant est bien hache vous le broyiez avec du sucre puis le frisez en beurre ou en sain de porc. Et y metez ung peu de sel. Et puis vous prendrez vos oublyes quand ils seront frictes. Et mettez dessus beurre dune part et daultre succre. Et moillez ung peu le bort affin de les attachez lung contre l'autre puis frises en beurre ou sain de porc a servir succrez les bien. Et pareillement vous pourrez faire tartelettes faictes de paste bien succrees au servir.

Livre fort excellent de cuisine

Zutaten
für 12 Crêpes

Für den Teig:
125 g Mehl
2 Eier
1 Eigelb
1/4 l Milch
1/8 l Wasser
1 Prise Salz
3 EL geklärte Butter
Butter zum Braten

1 großer Bund Kerbel
3 EL Zucker
2 EL cremiggerührte Butter

Den Kerbel waschen, gut abtrocknen und feinhakken.

Die geklärte Butter (zerlassene Butter, die abgeschäumt und vorsichtig vom Bodensatz abgegossen wurde), den Zucker und den Kerbel in einer Schüssel miteinander verrühren.

In einer Crêpes-Pfanne (oder einer beschichteten Pfanne) wenig Butter erhitzen. Mit einem Schöpflöffel etwas Teig hineingießen und durch Bewegen der Pfanne verteilen. Etwa 1 1/2 Minuten backen und die Crêpes wenden.

Auf die fertiggebackene Seite das Butter-Zucker-Kerbel-Gemisch streichen.

So lange backen, bis der Zucker geschmolzen ist, die Crêpes halbmondförmig übereinanderfalten und warmhalten.

Ein ungewöhnliches, aber köstliches Rezept.

AUSGEBACKENE BLÜTEN

Fristella

PÂTE FRITE AUX FLEURS

III. - 7 De fristellis : pro fristellis faciendis, recipe farinam distempératam cum albumine ouorum; et pone flores sambuci uel alios flores quoscumque uolueris, et diuersifica colorem secundum uocem et cum quibus salsamentis uolueris. Pone ad coquendum in lardo cum cocleari diuisim.

Liber de Coquina

**Zutaten
für 6 Personen**

Für den Teig:
250 g Mehl
1 EL Öl
(geschmacksneutral)
1 Eiweiß
1 Prise Salz
lauwarmes Wasser
1/2 Päckchen Backpulver

Akazienblüten
oder Ringelblumen
oder Holunderblüten
oder Salbeiblätter
Öl zum Ausbacken
Puderzucker
oder
dünnflüssiger Honig

In einer Schüssel Mehl, Salz, Backpulver und das Öl miteinander verrühren. Nach und nach unter Rühren soviel lauwarmes Wasser dazugeben, daß der Teig glatt ist und vom Löffel fließt.
Das Eiweiß leicht schlagen (es soll nicht steif werden) und unter die Mischung heben. 2 Stunden stehen lassen.
In einer Pfanne das Öl sehr heiß werden lassen. Die Blüten in den Teig tauchen (sie sollten ganz davon umhüllt sein) und in dem Öl ausbacken.
Auf Küchenpapier entfetten, mit Puderzucker bestreuen oder mit Honig beträufeln und heiß servieren.

HONIGMANDELN ODER -NÜSSE

Amigdalia

AMANDES OU NOIX CONFITES AU MIEL

Prenez des amandes nouvelles et otez adroitement au couteau leur première écorce. Ensuite percez chaque amande d'un trou au milieu. Ce fait, les dites amandes soient mises en eau douce et y restent 5 ou 6 jours, mais que l'eau soit changée une fois chaque jour. Ensuite, après 5 ou 6 jours, les dites amandes soient tirées de l'eau et posées sur une (nappe?) où elles restent un jour naturel pour sécher et oter l'humidité de l'eau. Ayez ensuite une quantité suffisante d'excellent miel proportionnelement à celle des dites amandes; faites le bouillir et cuire bien et suffisamment, et l'écumez, et, quant il sera cuit et refroidi, mettez dans le trou de chaque amande un clou de girofle, et ayant replacé toutes les amandes dans un bon vase de terre, mettez dessus (item pour confire des noix, mais elles doivent rester 9 jours dans de l'eau renouvelée chaque jour) ledit miel bien cuit et en quantité suffisante pour couvrir entièrement les amandes qui pourront être mangées après 2 mois.

Ménagier de Paris

Zutaten

1 kg abgezogene
Mandeln
oder Walnußkerne
1 kg Honig
Gewürznelken

Die Mandeln oder die Walnußkerne vorsichtig mit einem Loch versehen. Die Mandeln 5–6 Tage, die Nüsse 9 Tage in Wasser einweichen, das Wasser täglich erneuern. Danach abtropfen lassen und einen Tag lang auf einem Tuch zum Trocknen ausbreiten.

Genügend Honig erhitzen, um alle Mandeln bzw. Nüsse zu überziehen. Zum Kochen bringen, abschäumen und abkühlen lassen.

Ein Stückchen Gewürznelke in jede Mandel oder Nuß stecken (eine ganze Nelke wäre zu stark im Geschmack). Die Mandeln oder Nüsse mit dem Honig übergießen, bis sie ganz davon umhüllt sind.

In ein irdenes Gefäß mit Deckel geben und vor dem Verzehr zugedeckt 2 Monate ruhen lassen.

QUITTENBROT

Condoignac

COTIGNACS

Pour faire condoignac, prenez des coings et les pelez, puis fendez par quartiers, et ostez l'ueil et les pépins, puis les cuisiez au bon vin rouge et puis soient coulés parmi une estamine : puis prenez du miel et le faites longuement boulir et escumer, et après mettez vos coings dedans et remuez très bien, et le faites tant boulir que le miel se reviengne à moins la moitié; puis gettez dedans pouldre d'hypocras, et remuez tant qu'il soit tout froit, puis taillez par morceaulx et les gardez.

Ménagier de Paris

Zutaten

1 kg reife Quitten
genügend Rotwein,
um die Quitten
zu bedecken
750 g Honig
1/2 TL Zimt
1/2 TL gemahlener Ingwer
1/2 TL gemahlene Muskat-
nuß
2 zerstoßene Gewürznelken
zerstoßene Kardamomkör-
ner aus 4 Schoten

Die Quitten waschen, schälen und vierteln. Das Kernhaus mit den Kernen gesondert in ein Musselintuch geben und dieses zuknoten.

Die Quitten und das gefüllte Tuch in einem großen Topf mit Rotwein bedecken und mindestens 1 Stunde kochen lassen, bis die Quitten weich sind. Das Tuch über dem Topf gut ausdrücken, damit die Gelierstoffe aufgefangen werden.

Quitten und Wein in den Mixer geben und zu einer glatten Masse verrühren.

Den Honig erhitzen und bei schwacher Hitze auf die Hälfte einkochen lassen. Das Quittenmus dazugeben. Gründlich vermischen und unter ständigem Rühren zum Kochen bringen. Bei schwacher Hitze weiterköcheln lassen – Vorsicht, das Gemisch setzt leicht an.

Sobald die Masse dicklich ist, vom Herd nehmen, die Gewürze hinzufügen und unter weiterem ständigen Rühren erkalten lassen. Auf ein Brett streichen und mehrere Tage trocknen lassen.

Das Quittenbrot in Stückchen schneiden, diese in Pralinenpapier füllen und an einem kühlen Platz aufbewahren.

Zum Kochen und Backen wurde wenig Zucker verwendet, dafür um so mehr Honig.

KANDIERTE ORANGENSCHALEN

Orengat

ÉCORCES D'ORANGE CONFITES

Pour faire orengat, mettez en cinq quatiers les peleures d'une orenge, et raclez à un coustel la mousse qui est dedans, puis les mettez tremper en bonne eaue douce par neuf jours, et changez l'eaue chascun jour : puis les boulez en eaue doulce une seule onde, et ce fait, les faictes estendre sur une nappe et les laissiez essuier très bien, puis les mettez en un pot et du miel tant qu'ils soient tous couvers, et faites boulir à petit feu et escumer, et quant vous croirez que le miel soit cuit, (pour essaier s'il est cuit, ayez de l'eaue en une escuelle, et faites dégouter en icelle eaue une goutte d'ycelui miel, et s'il s'espant, il n'est pas cuit : et se icelle goutte de miel se tient en l'eaue sans espandre, il est cuit); et lors devez traire vos peleures d'orenge, et d'icelles faites par ordre un lit, et gettez pouldre de gingembre dessus, puis un autre, et getter, etc., usque in infinitum; et laissier un mois ou plus, puis mengier.

Ménagier de Paris

Zutaten

20 unbehandelte Orangen
500 g Honig
1 TL gemahlener Ingwer

Die Orangen je nach Größe in 4–6 Stücke schneiden. Das Fruchtfleisch und die weiße Innenhaut entfernen.

Die Orangenschalen 8–9 Tage in kaltem Wasser einweichen, das Wasser täglich erneuern.

Kurz in kochendem Wasser blanchieren, auf einem Tuch abtropfen lassen und sorgfältig abtrocknen.

In einen Topf geben und mit Honig bedecken. Bei schwacher Hitze kochen lassen, dabei abschäumen. Geben Sie ein wenig Honig in kaltes Wasser – wenn er sich zur Kugel formt, die Orangenschalen herausnehmen.

Die Schalen in eine flache Form schichten und jede Schicht mit gemahlenen Ingwer bestreuen. Mit einem Tuch bedecken und vor dem Verzehr einen Monat stehen lassen.

Kirschgelee und -Kompott / KIRSCHEN ALS VORSPEISE

Cerises confittes

GELÉE ET COMPOTE DE CERISES - CERISES CONFITES

Prenes cerises ou griottes et leur ostes les queues et les mettes dedans une petite casse avec un peu de vin blanc ou deaue necte sucre a lequipollent de la saulce faictes bouillir a petit feu. Et quant le boullon viendra en sorte que elles seront cuyctes mettes les refroidir puis passes le tout par estamine et mettes le ius dedans ung boitre. ou autre vaisseau si voulles. Et ce sera gellee de cerises ou de griottes. La chair que sera demouree en vostre estamine serves la succre dessus a lentree de la table ladicte gellee se garde troys ou quatre iours febves nouvelles a l'entree de table des oygnons pouldre blanche huictres a lentree nefles a lentree frictes avec beurre et pouldre de duc.

Livre fort excellent de cuisine

Zutaten

2 kg Sauerkirschen
2 kg Puderzucker
1 Glas Wasser

Die Kirschen waschen und die Stiele entfernen. Mit dem Wasser und dem Zucker in einen Topf geben und zunächst bei schwacher Hitze köcheln lassen; dann je nach Reifegrad der Kirschen 15 bis 20 Minuten kochen lassen.
Sobald das Kompott abgekühlt ist, den Saft durch ein Sieb passieren und in Gläser füllen.
Die Kirschen werden gesondert als Kompott gegessen.

KIRSCHEN ALS VORSPEISE

Dem ›Livre fort excellent de cuisine‹ zufolge können diese Kirschen auch als Vorspeise dienen. Sie werden dann ebenso wie kleine Zwiebeln oder junge dicke Bohnen mit Zucker und Gewürzen bestreut, vor allem mit der ›Gewürzmischung nach Art des Herzogs‹ (siehe Seite 208).

TEIGTASCHEN MIT FRUCHTFÜLLUNG

Rissoles a jour de poisson

PETITS PÂTÉS AUX FRUITS

Item, au commun, l'en les fait de figues, roisins, pommes hastées et noix pelées pour contrefaire le pignolat, et pouldre d'espices : et soit la pâste très bien ensaffrenée, puis soient frites en huille...

Ménagier de Paris

Zutaten
für 6 Personen

300 g Mürbeteig
(siehe Seite 168)
500 g säuerliche Äpfel
15 getrocknete Feigen
100 g Rosinen
70 g Walnußkerne
2 EL Puderzucker
1 TL Gewürzmischung
(siehe Seite 209)
1 Messerspitze Safran
Öl zum Ausbacken
oder
Butter für das Backblech

Die Rosinen 10 Minuten in kochendem Wasser aufquellen und abtropfen lassen.

In einer Schüssel die geschälten und geriebenen Äpfel, die in sehr kleine Stückchen geschnittenen Feigen, die grobgehackten Walnußkerne, die Rosinen, den Puderzucker, die Gewürzmischung und den Safran miteinander vermischen.

Den Mürbeteig auf einem bemehlten Brett ausrollen und mit einer Ausstechform oder einem Glas runde Teigblätter ausstechen. Auf jedes Teigblatt einen gehäuften Teelöffel von der Fruchtmischung setzen. Die Teigblätter halbmondförmig über der Füllung zusammenfalten und die angefeuchteten Ränder mit dem Gabelrücken zusammendrücken.

In sehr heißem Öl ausbacken, bis die Teigtaschen von beiden Seiten goldbraun sind. Oder auf einem großzügig mit Fett ausgestrichenen Blech bei mittlerer Hitze etwa 30 Minuten backen.

Diese nahrhaften Teigtaschen wurden während der Fastenzeit gegessen, deswegen die Bezeichnung ›a jour de poisson‹.

TEIGTASCHEN MIT ROSINENFÜLLUNG

Pastez nourris

RISSOLES AUX RAISINS SECS

Pour faire pastez nourris prenes des raisins de Croins et les lavez tresbien. Puis les elisez et quant ilz seront elitz vous les mettrez en petitz paste le plus petit et le plus chault que vous pourrez mettre des amandes delliers hachez avec petit de canelle / et des cloudz de giroffle entiers et grant foyson de sucre bouillez avec. Et puis le frisez en sain de porc ou en beurre confict et a frire gardez de les fondre. Et puis quant vous les vouldrez servir boutez y de l'hypocras dedans et le sucrez tresbien.

Livre fort excellent de cuisine

Zutaten
für 6 Personen

300 g Mürbeteig
350 g Rosinen
1 Glas Rotwein mit Gewürzen
(siehe Seite 207)
oder gewürzter Rosé-wein
(siehe Seite 209)
200 g Mandelstifte
1 Prise Zimt
1 zerstoßene Gewürznelke
50 g Zucker
100 g Butter

Die Rosinen in kochendes Wasser geben, kurz aufkochen und abtropfen lassen.
Knapp mit gewürztem Rotwein bedecken und 2–3 Stunden quellen lassen. Dann mit dem Zucker, dem Zimt und der Gewürznelke vermischen.
Den Mürbeteig ausrollen und mit einer Ausstechform oder einem Glas runde Teigblätter ausstechen. Eine Hälfte jedes Teigblattes mit der Rosinenmischung belegen und mit Mandelstiften bestreuen. Die Teigblätter halbmondförmig über der Füllung zusammenfalten und die angefeuchteten Ränder mit dem Gabelrücken zusammendrücken.
In sehr heißer Butter in der Pfanne oder auf einem ausgefetteten Blech im Backofen goldbraun bakken.

Wenn die Teigtaschen in der Pfanne ausgebacken werden, dürfen sie nicht zu groß sein, da sie sonst beim Wenden auseinanderbrechen.

PUDDING MIT ROSINEN UND ÄPFELN

Taillis

PUDDING AUX RAISINS ET AUX POMMES

A servir comme en karesme. Prenez fins roisins, lait d'amandes bouli, eschaudés, galettes et croutes de pain blanc et pommes couppées par menus morceaulx quarrés, et faites boulir vostre lait, et saffren pour lui donner couleur, et du succre, et puis mettez tout ensemble tant qu'il soit bien liant pour tailler. L'en en sert en karesme en lieu de riz.

Ménagier de Paris

Zutaten
für 4–6 Personen

100 g Rosinen
125 g gemahlene Mandeln
3 große aromatische Äpfel
100 g Puderzucker
150 g Weißbrot ohne Rinde
2 Tassen Milch
evtl. 1 Prise Safran
Butterflöckchen

Das Brot in der Milch gründlich einweichen und im Mixer zu einer festen, etwas krümeligen Masse verrühren. Die gemahlenen Mandeln und den Zucker hinzufügen und im Mixer mit der Brotmasse vermischen. Nun die geschälten und kleingeschnittenen Äpfel sowie die Rosinen vorsichtig mit dem Löffel darunterrühren.

Eine feuerfeste Glasform reichlich mit Butter ausstreichen und die Mischung hineingeben.

Wenn Sie den Geschmack mögen, können Sie der Speise noch etwas Farbe verleihen, indem Sie eine Prise Safran in Milch auflösen und darübergießen.

Mit Butterflöckchen besetzen und den Pudding im heißen Backofen mindestens 45 Minuten backen, bis die Äpfel gar sind und sich mit der Puddingcreme verbinden.

Sie können die Äpfel durch Birnen, Pfirsiche oder Aprikosen und die Rosinen durch Backpflaumen ersetzen.

Saftige, aromatische Birnen galten von jeher als Delikatesse.

Tartres de pommes

TOURTE DE POMMES

Despeçés par pièces, et mises figues, et raisins bien nectoyés, et mys parmy les pommes et figues, et tout meslé ensemble, et y soit mys de l'oignon frit au beurre ou à l'uyle, et du vin, et le part des pommes broyés et destrampés de vin, et soient assemblées les austres pommes broiés, mises avec le surplus, et du saffran dedens ung peu de menues espices, synamome et gingembre blanc, anys, et pygurlac, qui en aura; et soient faictes deux grans abaisses de paste, et toutes les mistions mises ensemble, fort broiées à la main sur le pasté bien espès de pommes et d'aultres mistions, et après soit mis le couvercle dessus et bien couverte, et dorée de saffran, et mise au four, et fait cuyre.

Viandier de Taillevent

Zutaten
für 6 Personen

Für die Füllung:
1 kg Äpfel
15 getrocknete Feigen
100 g Rosinen
1 Glas guter Rotwein
oder Weißwein
1 TL gemahlener Ingwer
1 TL Zimt
1 TL Anissamen
1 zerstoßene Gewürznelke
1 Prise Safran
2 EL Milch

Für den Mürbeteig:
150 g Butter
20 g Butter zum Ausfetten
320 g Mehl
2 EL Öl
(geschmacksneutral)

Alle Äpfel bis auf zwei schälen und in Würfel schneiden.
Die zwei restlichen Äpfel im Mixer fein zerkleinern und in eine Schüssel geben. Alle Gewürze außer dem Safran hinzufügen, den Wein dazugeben und alles miteinander vermischen. Die gewürfelten Äpfel, die kleingeschnittenen Feigen und die Rosinen vorsichtig darunterrühren. Falls die Äpfel sehr säuerlich sind, eventuell noch etwa 2 Eßlöffel braunen Zucker oder 1 Eßlöffel Honig hinzufügen.
Das Mehl mit dem Salz in eine Schüssel geben. In einem Topf die Butter zerlassen und 2 Eßlöffel Öl sowie 2 Eßlöffel kaltes Wasser hinzufügen. Die Mischung auf einmal zu dem Mehl geben und schnell mit einem Holzlöffel verrühren, ohne den Teig zu stark zu bearbeiten. Eine Kugel daraus formen und leicht mit Mehl bestäuben.
Eine runde Obstkuchenform oder eine Springform mit Butter ausstreichen.

2 EL Wasser
1 Prise Salz

Auf der bemehlten Arbeitsfläche aus zwei Dritteln des Teigs ein größeres und aus dem restlichen Drittel ein kleineres Teigblatt in Größe der Form ausrollen. Die Form mit dem größeren Teigblatt auslegen, die Füllung hineingeben und mit dem kleineren Teigblatt bedecken. (Falls der Teig nicht ausreicht oder Sie ungedeckten Apfelkuchen vorziehen, decken Sie statt des Teigdeckels Alufolie darüber.)

Eine Stunde ruhen lassen.

Anschließend im Backofen bei mittlerer Hitze in etwa 45 Minuten garbacken; nach der Hälfte der Backzeit wird die Oberfläche mit dem in etwas Milch aufgelösten Safran bestrichen.

Sie können statt der Feigen gut Backpflaumen verwenden oder beides zusammen.

Wenn man Walnüsse hinzufügt und den Wein durch Cognac ersetzt, erinnert der Apfelkuchen an englischen ›Mince pie‹.

Der mittelalterliche Autor schlägt vor, geröstete Zwiebeln unter die Füllung zu mischen – wenn man wenig davon verwendet, schmeckt es köstlich (1 kleine Zwiebel für die oben angegebene Menge).

GLASIERTE BEIGNETS

Mistembec

MISTEMBEC

IV. - 2. Mistembec hoc modo fit : accipe de pasta tritici lauata, quantum uolueris, et aliquantulum de amido in aqua tepida dissoluto; de quo distempera predictam pastam ut fiat ad modum sorbitii; et facias descendere per scutellam in fundo et in latere foramen habende, et fac descendere in oleo feruido uel sagimine porci, diuersas formulas ad placitum pertrahendo. Quibus per decoctionem induratis, et ad hoc calidis existentibus, proice in syrupo de zuccaro aut de melle facto et protinus remoue.

Syrupus hoc modo fit : dissolue zuccaram in aqua bulliente, Post clarifica ouorum glarea quo utere.

Quidam inspissant ad modum paste et agitant in tabula cum ligno rotundo ad creandum formulas rosas protrahendo. Post in oleo bulliri permitunt.

Tractatus

Zutaten
für 6 Personen

Für den Teig:
300 g Mehl
1 große Prise Salz
3 Eier
50 g Butter oder 2 EL Öl
(geschmacksneutral)
2 EL Orangenwasser

Öl zum Ausbacken

Für den Karamelüberzug:
150 g Zucker
3 EL Wasser
1 EL Essig

Das Mehl mit den Eigelb, der zerlassenen Butter oder dem Öl, dem Salz und dem Orangenwasser vermischen. Soviel lauwarmes Wasser hinzufügen, daß der Teig flüssig wird, und mindestens 2 Stunden ruhen lassen.

Anschließend den Teig durchrühren und die nicht zu steif geschlagenen Eiweiß darunterheben. (Sie können auch die ganzen verquirlten Eier unter den Teig rühren, müssen dann jedoch ein halbes Päckchen Backpulver hinzufügen.)

In einer großen Fritierpfanne das Öl erhitzen.

Kleine Mengen des Teigs in das siedende Öl geben, dabei den Beignets möglichst verschiedene Formen geben.

Wenn sie von allen Seiten goldbraun sind, die Beignets herausnehmen und auf Küchenpapier entfetten.

Für den Karamelüberzug in einer Pfanne den Zucker unter Rühren in Wasser und Weinessig auflösen.
Die Beignets noch warm kurz in die Karamelsauce tauchen und zum Abkühlen ausbreiten.
Nicht mehr als 10–15 Beignets auf einmal zubereiten.

Man kann der Teigmischung auch nur so viel lauwarmes Wasser beifügen, daß ein fester Teig entsteht. Ausrollen und verschiedene Formen ausschneiden. In heißem Öl ausbacken und mit Karamelsauce überziehen. Diese Beignets sind allerdings weniger leicht.

WARME APFELSPEISE

Rique-menger

DESSERT AUX POMMES

Prenez deux pommes aussi grosses que deux œufs ou pou plus, et les pelez, et ostez les pépins, puis les decouppez par menus morceaulx, puis les mettez pour boulir en une paelle de fer, puis purez l'eaue, et mettez seicher le rique-menger : puis mettre beurre pour frioler, et en friolant, filez deux œufs dessus en remuant; et quant tout sera friolé, gettez pouldre fine dessus, et soit frangé de saffran, et mengiez au pain ou mois de Septembre.

Ménagier de Paris

Zutaten
für 4 Personen

4 große Äpfel
5 Eier
60 g Butter
1/2 TL Gewürzmischung
aus:
Zimt, gemahlenem
Ingwer und Muskat
Salz
1 EL Puderzucker
4 Scheiben Weißbrot

Die Äpfel schälen und in Scheiben schneiden. In einer Pfanne langsam die Butter zerlassen. Die Apfelscheiben hineingeben und bei schwacher Hitze glasig dünsten.

In einer Schüssel die Eier mit den Gewürzen und Salz verquirlen.

Die Weißbrotscheiben rösten und noch heiß mit Butter bestreichen. Warmhalten.

Wenn die Äpfel gar sind, die Hitze heraufschalten, wenn nötig noch etwas Butter in die Pfanne geben.

Die Eimasse über die Äpfel gießen und rasch wie ein Omelett braten.

Die Mischung in 4 Teile teilen und auf den gerösteten Brotscheiben anrichten.

Mit Zucker bestreut sehr heiß servieren.

Sie können den Zucker karamelisieren lassen, indem Sie die Brotscheiben mit ihrem süßen Belag nochmals ganz kurz unter den sehr heißen Grill geben.

REISPUDDING MIT MANDELN

R is engoulé

RIZ AUX AMANDES

Eslisez-le et le lavez en deux ou trois paires d'eaues chaudes tant que l'eaue reviengne toute clère, puis le faites ainsi comme demy cuire, puis le purez et mettez sur tranchouers en plas pour esgouter et séchier devant le feu... et se c'est à jour de poisson, n'y mettez pas eaue de char, mais en ce lieu, mettez amandes bien forment broyées et sans couler; puis succrer et sans saffren.

Ménagier de Paris

Ris en goulé..., eslisés, lavés en eaue chaulde, puis mettés essuyer vostre ris contre le feu, prenés lait de vache, et le froment, mettés vostre ris dedens, et faictes boullir ensemble à petit feu... et en caresme, soit fait au layt d'amandes, et sucre sur les escuelles.

Viandier de Taillevent

Zutaten
für 4 Personen

125 g Reis
3/4 l Milch
120 g gemahlene Mandeln
100 g Zucker
oder
60 g Zucker und
3 EL Honig
Zimt

Den Reis waschen, in kochendes Wasser geben, 10 Minuten kochen und abtropfen lassen. In einem Topf bei starker Hitze unter Rühren etwa 1 Minute trocknen lassen. Die Milch hinzufügen, aufkochen lassen, die Hitze reduzieren und eine halbe Stunde leise köcheln lassen. Sollte der Reis zuviel Flüssigkeit aufsaugen, können Sie während des Kochvorgangs etwas kalte Milch dazugießen. Vom Herd nehmen und den Reis quellen lassen – nicht zudekken.
Die gemahlenen Mandeln und den Zucker (und eventuell den Honig) in einen Topf geben und mit 1 Tasse kochendem Wasser bedecken. Rühren, bis sich der Zucker auflöst. Kurz aufkochen lassen.
Die Mandelcreme mit dem erkalteten Reis vermischen und unter ständigem Rühren etwa 5 Minuten lang erhitzen.
In eine Servierschüssel umfüllen. Im Kühlschrank kaltstellen. Mit Zimt bestreut servieren.

CREMETÖRTCHEN

Darioles de cresme

DARIOLES DE CRÈME

Soient broyés amandes, et non guères passées, et la cresme fort fricte au beurre, et largement sucre dedens.

Viandier de Taillevent

Zutaten
für 6 Personen

Für den Mürbeteig:
160 g Mehl
1 Prise Salz
80 g zerlassene Butter
3 EL Wasser
(Der Teig wird weicher,
wenn Sie 1 Ei und 20 g
Mehl hinzufügen.)

Für den Belag:
500 g Crème fraîche
4 Eier
200 g gemahlene Mandeln
120 g Zucker

In einer Schüssel alle Zutaten für den Teig so rasch wie möglich miteinander vermischen, ohne ihn zu stark zu bearbeiten.

Auf einem bemehlten Holzbrett ausrollen. Mehrere kleine Tortenformen (oder eine große) mit dem Teig auslegen.

Alle Zutaten für den Belag gründlich miteinander vermischen und auf die mit Teig ausgelegten Formen verteilen.

Die Törtchen im Backofen bei starker Hitze 10 Minuten backen, die Hitze reduzieren und in weiteren 20 Minuten fertigbacken.

KARAMEL-EIER

A lumelle frite au sucre

ŒUFS CARAMÉLISÉS

Ostez tous les aubuns et batez les moyeux, puis mettez du sucre en la paelle et il se fondra, et aprés ce frisiez dedans vos aubuns, puis mettez en un plat, et du sucre dessus.

Ménagier de Paris

Zutaten
für 1 Person

2 Eier
2 EL Zucker
etwas Essig

Das Eigelb schaumig schlagen. Das Eiweiß zu steifem Schnee schlagen und vorsichtig unter das Eigelb heben.

In einer kleinen, schweren Pfanne (Blini-Pfanne) den Zucker ohne Fett mit einigen Tropfen Essig langsam schmelzen lassen.

Wenn der Zucker geschmolzen ist, löffelweise die Eimasse hinzufügen. In der Karamelsauce wenden und garen.

Auf einem Servierteller anrichten und je nach Geschmack noch mit Zucker bestreuen.

WAFFELN

Gauffres

GAUFRES

Gauffres sont faites par quatre manières. L'une que l'en bat des œufs en une jatte, et puis du sel et du vin, et gette-l'en de la fleur, et destremper l'un avec l'autre, et puis mettre en deux fers petit à petit, à chacune fois autant de paste comme une lesche de frommage est grande, et estraindre entre deux fers, et cuire d'une part et d'autre; et se le fer ne se délivre bien de la paste, l'en l'oint avant d'un petit drappelet mouillé en huille ou en sain.

Ménagier de Paris

Zutaten
für 8 Waffeln

2 Eier
120 g Mehl
40 g zerlassene Butter
1 große Prise Salz
knapp 1/8 l Wasser
knapp 1/8 l herber
Weißwein
oder leichter Rotwein

Das Mehl in eine Schüssel geben, das Salz, die Eier und die zerlassene Butter hinzufügen und gründlich verrühren.
Nach und nach unter Rühren das Wasser und den Wein dazugeben, bis ein glatter Teig entsteht.
Mindestens einen halben Tag ruhen lassen.
Die Flächen des Waffeleisens erhitzen und leicht mit Butter oder Öl bestreichen.
Den Teig nochmals kräftig durchrühren.
Auf jede der beiden Flächen einen Schöpflöffel voll Teig geben und das Waffeleisen schließen.

Der Wein gibt dem Teig einen angenehmen, etwas säuerlichen Geschmack und macht ihn sehr leicht.

ARME RITTER

Tostées dorées

PAIN PERDU

Pour faire tostées dorées, prenez du pain blanc dur et le trenchiez par tostes quarrées, et les rostir ung pou sur le grail, et avoir moyeulx d'œufz batuz et les envelopez très bien dedans iceulx moyeulx. Et avoir du bon sain chault et les dorer dedans sur le feu tant qu'elles soient belles et bien dorées, et puis les oster de dedans la paelle, et mettez ès platz, et du succre dessus.

Viandier de Taillevent

Zutaten
für 4 Personen

8 Scheiben Weißbrot
4 Eier
100 g Butter
Puderzucker

In einer Pfanne etwas Butter goldgelb werden lassen.
Die Brotscheiben einzeln in den verquirlten, leicht gesalzenen Eiern wenden, in die Pfanne geben und von beiden Seiten goldbraun braten. Auf einen Servierteller geben und mit Zucker bestreuen. Warmhalten, bis alle armen Ritter fertiggebraten sind. Heiß servieren.

Sie können den Eiern je nach Geschmack mit etwas Orangenwasser, abgeriebener Orangen- oder Zitronenschale, einer Prise Zimt, gemahlenem Kümmel oder Anissamen ein anderes Aroma geben.

Blanc menger party

BLANC-MANGER COLORÉ

Prenez amendes eschaudées et pelées, et les broyez très bien et les deffaictes d'eaue boulue; puis, pour faire la lieure pour les lyer, fault avoir du ris batu ou de l'amydon. Et quand son layt ara esté boulu, le fault partir en plusieurs parties, en deux potz, qui ne veult faire que de deux couleurs, et, qui le veult, faire en iii ou en iiii parties; et convient qu'il soit fort lyé autant que seroit froumentée, tant qu'il ne se puisse reprendre quand il sera drecié ou plat ou en l'escuelle; puis prenez orcanet[1], ou tornesot, ou asur fin, ou persil, ou salmonde[2], ou ung petit de saffren coulé avec la verdure, affin qu'il tieng(n)e mieux sa couleur quand il sera boullu; et convient avoir du saing de porc et mettre tremper dedans l'orcanet ou tournesot, et l'azur pareillement. Et gectez du succre dedans le lait quand il bouldra, pour tirer arrière, et le sallez, et remuez fort tant qu'il soit renforcy et ayt prins sa couleur telle que luy vouldrez donner.

Viandier de Taillevent

Zutaten
für 4–6 Personen

250 g feingemahlene
Mandeln
175 g Puderzucker
2 Tassen Milch
25 g Gelatinepulver,
in 1/4 l kaltem Wasser
aufgelöst
Zum Aromatisieren
und Färben:
Saft u. abgeriebene Schale
von Zitronen und
Orangen,

Die Milch mit dem Zucker aufkochen lassen. Die gemahlenen Mandeln hinzufügen. Nach und nach die aufgelöste Gelatine unter die noch heiße, aber nicht mehr kochende Mischung rühren.
Die Masse durch ein Haarsieb streichen.
Den Pudding in zwei Hälften teilen und die eine mit Orangensaft und -schale, die andere mit Zitronensaft und -schale aromatisieren. In eine Form füllen und kaltstellen.
Vor dem Servieren zur Hälfte mit feinen Streifen von kandierter Orangen-, zur Hälfte mit feinen Streifen von kandierter Zitronenschale verzieren.
Oder den Pudding im Ganzen mit Orangenwasser

dazu kandierte Zitronen- und Orangenschale. Oder Orangenwasser und Lebensmittelfarben

aromatisieren, in beliebig viele Teile teilen und diese mit verschiedenen Lebensmittelfarben (rosa, grün, gelb usw.) färben. Den Pudding so in eine Kastenform oder in eine runde Form füllen, daß die Farben gut zur Geltung kommen. Kaltstellen.

Dieses Rezept ist charakteristisch für die Vorliebe, die man im Mittelalter für bunte Gerichte hatte. Heute könnte man so einen Pudding zum Beispiel bei einem Kindergeburtstag servieren.

MANDELPUDDING FÜR KRANKE

Blanc mengier d'un chapon pour ung malade

BLANC-MANGER POUR MALADE

Cuisiez le en eaue tant qu'il soit bien cuit, et broiez amendes grand foison, et, avec ce, du braon du chappon et qu'il soit bien broyé, et le deffaictes de vostre boullon, et passez tout parmy l'estamine, et puis mettez boullir tant qu'il soit bien lyant comme pour le taillier, puis versez en une escuelle, et puis mettez frioler demie douzainne d'amendes pelées, et les asseez sur le bout en la moittié de vostre plat, et en l'autre, des pépins de pomme de Grenade, et les succrez par dessus.

Viandier de Taillevent

Zutaten
für 4–6 Personen

1 gekochtes Huhn
(nur das weiße Fleisch)
250 g gemahlene Mandeln
2 Tassen Hühnerbrühe
Mandelstifte
rosa Zuckerplätzchen
(statt der im alten Rezept
genannten Granatapfel-
kerne)
4 EL Zucker

Nur das weiße Hühnerfleisch verwenden. Vom Knochen lösen und die Haut entfernen.
Das Fleisch im Mixer fein zerkleinern. Die gemahlenen Mandeln hinzufügen.
Die Mischung mit der Hühnerbrühe verdünnen, in einen Topf geben und so lange kochen, bis eine feste Creme entsteht. In eine große Schüssel füllen und mit Zucker bestreuen.
Die Mandelstifte entweder in der Pfanne oder im Backofen goldgelb rösten.
Eine Hälfte des Mandelpuddings mit den gerösteten Mandeln, die andere Hälfte mit den zerkleinerten Zuckerplätzchen verzieren.
Kaltstellen.

Saucen und Gewürzmischungen

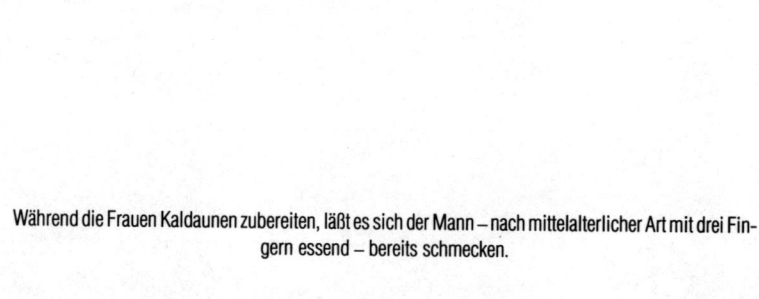
Während die Frauen Kaldaunen zubereiten, läßt es sich der Mann – nach mittelalterlicher Art mit drei Fingern essend – bereits schmecken.

MILCHSAUCE MIT KNOBLAUCH

Saulce d'aulx au lait

SAUCE AU LAIT ET À L'AIL

Pour faire saulce d'aulx au lait, halés une totee de pain au feu, et mettés tramper avec le lait; prenés demye douzaine de gousses de aulx, et les escachés en une escuelle, ou au mortier, et passés tout par l'estamine et mettés demye once de gingembre parmy, et faictes boullir en une paelle, et est bonne la dicte saulce en l'oye ou aultre rost.

Viandier de Taillevent

Zutaten
für 4–6 Personen

1 Scheibe Weißbrot,
geröstet
1 Tasse Milch
6 Knoblauchzehen
1/2 TL gemahlener Ingwer

Das geröstete Weißbrot in der Milch einweichen und im Mixer pürieren. Die Knoblauchzehen schälen, den grünen Trieb entfernen. Zu dem Brot geben und ebenfalls pürieren.

Die Mischung gründlich mit dem gemahlenen Ingwer verrühren.

In einen Topf geben und bei schwacher Hitze unter ständigem Rühren etwa 5 Minuten köcheln lassen.

Die Sauce paßt gut zu Lammbraten oder Gans.

DUNKLE KNOBLAUCHSAUCE

Aillee rousse

SAUCE À L'AIL

Pour faire aille rousse sur rost ou sur bouly, prenés des foyes de poulaille et hallés une tostée de pain au feu, et le mettés tramper, foys et tout ensemble avecques ung peu de boullon, et prenés une unce de synamome, demye unce de gingembre, ung quart d'once menues espices et escaillés demy douzaine de gousses d'aulx et passés par l'estamine avecques vin rouge et vin aigre, et boutés boullir en une paelle, et puis mectés en ung beau pot.

Viandier de Taillevent

Zutaten
für 4–6 Personen

2 Geflügellebern
1 dicke Scheibe Weißbrot,
geröstet
1/2 Tasse Fleischbrühe
1 Glas guter Rotwein
2 EL Weinessig
6 Knoblauchzehen
2 TL Zimt
1 TL gemahlener Ingwer
1 Prise gemahlener Muskat
1 Prise gemahlener Kümmel
1 Zweiglein Thymian
1/2 Lorbeerblatt
Salz
Pfeffer
einige Korianderkörner
einige Kardamomkörner
(macht den Knoblauch
leichter bekömmlich)

Die Knoblauchzehen schälen, die grünen Triebe entfernen. Zusammen mit dem gerösteten Brot und den rohen Geflügellebern im Mixer pürieren.
Die Fleischbrühe, den Rotwein und den Weinessig hinzufügen und verrühren. Die Gewürze, den Thymian, den Lorbeer, Salz und Pfeffer dazugeben.
Die Mischung in einen Topf füllen und bei schwacher Hitze unter ständigem Rühren zum Kochen bringen. Köcheln lassen, bis die Sauce glatt und cremig ist.
Den Thymianzweig und das Lorbeerblatt herausnehmen.
Reichen Sie die Sauce zu Pot-au-feu, kaltem Schweinebraten oder kaltem Huhn.

WEISSE ODER GRÜNE KNOBLAUCHSAUCE

Saulce d'aulx blanche ou verte pour oisons ou beuf

SAUCE À L'AIL BLANCHE OU VERTE

Broyez une doulce d'aulx et de la mie de pain blanc sans bruler, et destrempez de vertjus blanc; et qui la veut verte pour poisson, si broye du percil et de l'ozeille ou de l'un d'iceulx ou rommarin.

Ménagier de Paris

Zutaten
für 4–6 Personen

2 Tassen Rinderbrühe
oder Fischsud
3 Knoblauchzehen
50 g Weißbrot ohne Rinde
2 EL Weinessig
oder Saft einer Zitrone
1 EL gehackte Petersilie
Salz
evtl. 1 EL Crème fraîche

Die Knoblauchzehen schälen und den grünen Trieb entfernen.
Zusammen mit dem Weißbrot und der Petersilie im Mixer zu einer glatten Paste verrühren.
Mit dem Weinessig oder Zitronensaft vermischen und salzen. Zusammen mit der Rinderbrühe bzw. dem Fischsud (je nachdem, ob man die Sauce zu Fleisch oder Fisch reicht) in einen Topf geben, unter ständigem Rühren zum Kochen bringen und dicklich einkochen lassen.
Auch wenn es nicht im ›Ménagier de Paris‹ steht, die Sauce schmeckt noch besser, wenn man einen gehäuften Eßlöffel Crème fraîche darunterrührt.

Wenn Sie die Sauce zu Fisch servieren, geben Sie zusätzlich noch etwa ein Dutzend feingehackte Sauerampferblätter und eventuell etwas Rosmarin dazu.

KNOBLAUCHSAUCE MIT MANDELN

J ance a aulx

SAUCE À L'AIL DITE « JANCE »

Jance se fait en ceste maniére : prenez amandes, mettez en eaue chaude, pelez, broyez, et du gingembre deux cloches aussi; ou y mettez de la pouldre, un pou d'aulx, et du pain blanc, pou plus que d'amandes, qui ne soit point brulé, destrempé de vertjus blanc et le quart de vin blanc : couler, puis faire trés bien boulir, et drecier par escuelles. Et en doit-l'en plus drecier que d'autre saulce.

Ménagier de Paris

Zutaten
für 4–6 Personen

2 Knoblauchzehen
1 Prise gemahlener Ingwer
75 g feingemahlene
Mandeln
1 dicke Scheibe Weißbrot
Saft einer halben Zitrone
1 Glas trockener Weißwein
1/2 Glas Wasser
Salz

Die Knoblauchzehen schälen, den grünen Trieb entfernen. Zusammen mit dem Weißbrot im Mixer pürieren.

In einen Topf geben, die Mandeln und alle übrigen Zutaten hinzufügen und unter ständigem Rühren langsam zum Kochen bringen. 5–10 Minuten köcheln lassen. Die Konsistenz sollte der einer leichten Béchamelsauce entsprechen. Salzen.

Wenn die Sauce zu dick erscheint, etwas Wasser oder eine Mischung aus Wasser und Wein hinzufügen.

Zu kaltem Fleisch oder gekochtem Fisch reichen.

KNOBLAUCH-SENF-SAUCE

Aillee à la moutarde

SAUCE MOUTARDE

Pour faire aille à la moustarde, prenés demie douzaine de gousses d'aulx, ou plus largement se vous voulés, et les escaillés, et passés par l'estamyne avec la moustarde, et y mettés demye unce de gingembre, et n'y mettés aultre destrampaige que de vert jus, et quand la ferés boulir mettés y du beurre dedens; et est la dicte saulce bonne sur merlus frictz et sur aultres poissons.

Viandier de Taillevent

Zutaten
für 6 Personen

6 Knoblauchzehen
1 EL mittelscharfer Senf
1 TL gemahlener Ingwer
Saft von 1–2 Zitronen
50 g Butter

Die Knoblauchzehen schälen und den grünen Trieb entfernen.
Im Mixer pürieren. Mit dem Senf, dem Ingwer und dem Zitronensaft verrühren.
In einem Topf die Butter zergehen, aber nicht braun werden lassen. Unter ständigem Rühren die Knoblauchmischung hineingeben und langsam erhitzen. Kurz bevor sie zu kochen beginnt vom Herd nehmen – der Senf darf nicht kochen – und in eine Sauciere füllen. Zu gebratenem Fischfilet servieren.

Um den Knoblauch leichter bekömmlich zu machen, können Sie noch die Körner von 6 Kardamomschoten an die Sauce geben.

TRAUBENSAUCE

Saulce rappée

SAUCE AUX RAISINS FRAIS

Pour faire saulce rappée, mettés mye de pain blanc destramper de vin blanc chault, et quant le pain sera trampé, le passés par l'estamine, avec vertjus tout pur; pour une pinte, mettés y ung once de gingembre, et puis egrenés du vert jus de grain et meslés le grain en eaue qui soit bouyllant, et ne lui layssés guères, et purés l'eaue, et gettes le grain dedens la saulce.

Viandier de Taillevent

Zutaten
für 4–6 Personen

70 g Weißbrot ohne Rinde
1 1/2 Glas Weißwein
Saft einer Zitrone
(besser wäre 1 Glas Saft
aus unreifen Trauben)
1 TL gemahlener Ingwer
1/2 Pfund große grüne
Weintrauben

Den Weißwein erhitzen, das Weißbrot bröckchenweise hineingeben und sorgfältig zerdrücken (oder im Mixer pürieren).
Die Gewürze und den Zitronensaft (bzw. Traubensaft) hinzufügen.
Die Weintrauben 5 Minuten in kochendem Wasser blanchieren. Abtropfen lassen.
Zu der Weinsauce geben und kurz darin mitkochen.
Zu gebratenen Wachteln oder Perlhuhn reichen.

SAUCE FÜR FAULE KÖCHE

Calimafree ou saulce paresseuse

SAUCE PARESSEUSE

Prenez de la moustarde et de la pouldre de gingembre et un petit de vinaigre et la gresse et l'eaue de la carpe, et boulez ensemble : et se vous voulez faire ceste saulce pour un chappon, ou ieu que l'en met la gresse et l'eaue de la carpe, mettez vertjus, vinaigre et la gresse du chappon.

Ménagier de Paris

Zutaten
für 4–6 Personen

1 EL mittelscharfer Senf
1 Prise gemahlener Ingwer
1 EL Weinessig

Die Zutaten miteinander verrühren und mit etwas Fischsud oder dem Bratensaft von Geflügel vermischen.
Zu gekochtem Fisch oder gebratenem Geflügel servieren.

PFEFFERSAUCE

Poivre noir

SAUCE AU POIVRE NOIR

Prenez clou de giroffle et un pou de poivre, gingembre, et broyez trés bien : puis broyez pain ars destrempé en meigre eaue de char ou en meigre eaue de choulx qui mieux vault, puis soit bouly en une paelle de fer, et au boulir soit mis du vinaigre; puis mettez en un pot au feu pour tenir chault. Item, plusieurs y mettent de la canelle.

Ménagier de Paris

Zutaten
für 4–6 Personen

1 große Scheibe Weißbrot
1 Tasse Fleischbrühe
oder Kochwasser von
Kohl
1/2 TL gemahlener Ingwer
1 Gewürznelke
1–2 TL schw. Pfefferkörner
2 EL guter Weinessig
evtl. 1 große Prise Zimt

Das Brot rösten und mit den Gewürzen im Mixer pürieren.
Mit der Brühe vermischen, in einen Topf geben und zum Kochen bringen.
Den Weinessig hinzufügen.
Bei schwacher Hitze 5–10 Minuten köcheln lassen.
Zu Braten oder Fisch reichen.

SAFRANSAUCE

Poivre jaunet ou aigret

SAUCE DITE « POIVRE JAUNET »

Prenez gingembre, saffren, puis preingne-l'en pain rosty deffait d'eaue de char (et encores vault mieux la meigre eaue de choulx,) puis boulir, et au boulir mettre le vinaigre.

Ménagier de Paris

Zutaten
für 4–6 Personen

1 große Scheibe Weißbrot
1 Tasse Fleischbrühe
oder Kochwasser von Kohl
1 Prise gemahlener Ingwer
1 Messerspitze Safran
2 EL Weinessig

Das Brot rösten, zerkleinern, mit Ingwer und Safran vermischen und mit der Fleisch- oder Gemüsebrühe verrühren.
In einen Topf geben und bei schwacher Hitze unter Rühren langsam zum Kochen bringen.
Den Weinessig hinzufügen. 5 Minuten weiterköcheln lassen, bis eine glatte, cremige Sauce entsteht.
Sie wird zu Hammel- oder Rinderbraten bzw. -ragout oder zu Kutteln gereicht.

Cameline

SAUCE CAMELINE

Pour faire une quarte de cameline, hallés du pain devant le feu bien roux, et qu'il ne soit point brulé. Et puis le mettés tramper en vin vermeil tout pur en ung pot neuf, ou en ung plat, et puis, quant il sera trampé, le passés par l'estamine avec vin vermeil. Et puis prenés une choppine de vin aigre et ung quarteron de synamome, une once de gingembre et ung quart d'once de menues espices, et saler de bonne sorte; passés le pain et espices par l'estamine et mettés en ung beau pot.

Viandier de Taillevent

Zutaten
für 6–8 Personen

1/2 Tasse Weinessig
2 EL Weißwein
2 große Scheiben Weißbrot
1/2 TL gemahlener Ingwer
3 TL Zimt
1/2 TL »Quatre épices«
(siehe S. 67)
Salz

Das Brot rösten und in einem Teil der Flüssigkeit einweichen.
Im Mixer pürieren.
Mit den Gewürzen, dem Salz und der restlichen Flüssigkeit vermischen.
In einen Topf geben, unter ständigem Rühren zum Kochen bringen und dicklich einkochen lassen.
Salzen und wenn nötig nochmals mit den Gewürzen abschmecken.
Die Sauce Cameline paßt zu Fisch oder Wild.

SAUCE CAMELINE II

Cameline

SAUCE CAMELINE À LA MODE DE TOURNAY

Nota que à Tournay, pour faire cameline, l'en broye gingembre, canelle et saffren et demye noix muguette : destrempé de vin, puis osté du mortier; puis aiez mie de pain blanc, sans bruler, trempé en eaue froide et broyez au mortier, destrempez de vin et coulez, puis boulez tout, et mettez au derrain du sucre roux : et ce est cameline d'yver. Et en esté, la font autelle, mais elle n'est point boulie.

Et à verité, à mon goust, celle d'iver est bonne, mais en est trop meilleure celle qui s'ensuit : broyez un pou de gingembre et foison canelle, puis ostez, et aiez pain hazé trempé ou chappaleures foison en vinaigre broyées et coulées.

Ménagier de Paris

Zutaten
für 6–8 Personen

1/4 l Wein
1/4 l Wasser
3 große Scheiben Weißbrot
1 TL gemahlener Ingwer
1 TL Zimt
1 Messerspitze Safran
1 TL gemahlener Muskat
1 EL brauner Zucker
Salz

Das Brot zerkleinern und in kaltem Wasser einweichen. Im Mixer pürieren.
In einer Schüssel alle Gewürze in dem Wein auflösen.
Das Brot und den Wein mit den Gewürzen vermischen, in einen Topf geben und unter ständigem Rühren langsam zum Kochen bringen. Schwach köcheln lassen, bis die Mischung cremig wird. Zuletzt den braunen Zucker hinzufügen und salzen.
Nochmals kurz aufkochen lassen, damit der Zucker sich gut auflöst.
Abschmecken und wenn nötig nachsalzen.

ORANGENSAUCE

Potage appelle versuse

SAUCE À L'ORANGE

Aies quatre roux d'œufz bien frais, demye unce de cynamome, quatre unces de succre, du just d'orange quatre unces semblablement, deux unces d'eaue rose; mesle tout ensemble avec quelque cuillier, et reduis tout en ung corps et le fais cuyre, ainsi qu'est dict dessus au chapitre du just safranné ou jaune. Et, si veulx pareilement, y pourras adjouster ung peu de saffran pour donner couleur. Est viande merveilleusement saine, principalement en esté, et fort plaisante, nourrist bien et grandement, refraiche le foye et reprimist la colère*.

Viandier de Taillevent

Zutaten
für 6 Personen

4 Eigelb
1/2 TL gemahlener Zimt
4 TL Puderzucker
2 EL Rosenwasser
(man rechnet 1 Tropfen
Rosenöl auf 1/4 l
Wasser)
1/2 Glas Orangensaft
(frisch ausgepreßt)
Pfeffer

Die Sauce paßt vorzüglich zu gebratener Gans oder Ente, aber auch zu anderen Fleischsorten – vorausgesetzt, Sie mögen die süßsaure Geschmacksrichtung.
In einer Schüssel alle Zutaten miteinander vermischen. Reichlich pfeffern. In einen kleinen Topf gießen und bei schwacher Hitze – besser noch im Wasserbad – unter häufigem Umrühren köcheln lassen, bis die Orangensauce dickflüssig wird.

Ich weiß nicht, ob Taillevent recht hat, wenn er dieses Rezept als Erfrischung für die Leber und als beruhigend für die Galle preist – aber ich weiß, daß es köstlich ist.

Wenn man geröstete Brioche-Scheiben dick mit der Sauce bestreicht, eignet sich das Rezept auch als Dessert.

SAUCE NACH ART VON POITIERS

Poitevine

SAUCE POITEVINE

Broyez gingembre, giroffle, graine, et des foies, puis ostez du mortier : puis broyez pain brulé, vin et vertjus et eau, de chascun le tiers, et faictes boulir, et de la gresse du rost dedans, puis versez sur vostre rost ou par escuelles.

Ménagier de Paris

Zutaten
für 4–6 Personen

die Leber vom Geflügel
oder vom Kaninchen,
zu dem die Sauce
gereicht wird
1 Prise gemahlener Ingwer
1 zerstoßene Gewürznelke
zerstoßene Kardamomkörner von 4 Schoten
1/2 Glas Weißwein
4 EL Wasser
1 Scheibe Weißbrot
1 EL Zitronensaft
30 g Butter
Salz

Die Leber 5 Minuten in Butter braten, sie soll weich und innen noch rosa sein.
Das Brot rösten und zusammen mit der gebratenen Leber und den Gewürzen im Mixer pürieren.
Mit dem Weißwein, dem Wasser und dem Zitronensaft verrühren und salzen.
Den Bratensaft des Hauptgerichts, zu dem die Sauce gereicht wird, hinzufügen und bei schwacher Hitze 5–10 Minuten köcheln lassen.
Die Sauce in einer Sauciere getrennt reichen.

Wenn die Sauce zu gebratener Ente serviert wird, den Saft und die kurz in kochendem Wasser blanchierte, in feine Streifen geschnittene Schale einer Orange hinzufügen.

SAUCE ZUM WILDSCHWEIN

Sauce « queue de sanglier »

SAUCE DITE «QUEUE DE SANGLIER»

Prenez nomblets de porc, lièvres et¹ oiseaux de rivière, et les mettez en la broche, et une leschefrite dessoubs, et du vin franc et du vinaigre. Et puis prenez graine, gingembre, giroffle, noix muguettes et du poivre long et cannelle, et broyez et ostez du mortier : puis broyez pain brûlé et trempé en vin franc, et le coulez par l'estamine; et puis coulez tout ce qui est en la leschefrite et les espices et le pain en une paelle de fer ou en un pot avec eaue de la char, et y mettez le rost de quoi vous le ferez, et l'ayez avant boutonné de cloux de giroffle.

Ainsi convient faire à un Bourberel de sanglier.

Nota que les noix muguettes, macis et garingal font douloir de la teste .

Ménagier de Paris

Zutaten
für 4–6 Personen

1 Glas guter Rotwein
2 EL Weinessig
1 Scheibe Weißbrot
Kardamomkörner
von 4 Schoten
2 zerstoßene Gewürznelken
1/2 TL gemahlener Ingwer
knapp 1/2 TL Zimt
1 Prise Cayennepfeffer

Das Brot rösten, zerkleinern und in dem Rotwein und dem Essig einweichen. Die Gewürze hinzufügen und gut vermischen.

10 Minuten, bevor das Fleisch gar ist, das eingeweichte Brot zu dem Bratensaft in die daruntergestellte Bratenpfanne geben und gründlich verrühren.

Weiterköcheln lassen, dabei öfters umrühren – durch das Brot setzt die Sauce leicht an.

Diese Sauce wird nicht nur zu Wildschwein, sondern auch zu anderen Braten am Spieß gereicht.

»FALSCHE« SAUCE

$\mathcal{S}$aulce de trahyson

SAUCE DE TRAHISON

Pour faire saulce de trahyson prenez des perdriz pour... (mot illisible) vous frirez de loignon avec du sain ou du lard fondu Et passez parmy une estamine avec du pain hasle trenpe du boullon de beuf / vin vermeil et vinaigre canelle. En lieu despice mostarde et menues espices et grant foyson de sucre.

Livre fort excellent de cuisine

Zutaten
für 4–6 Personen

12 kleine Zwiebeln
100 g durchwachsener
Speck, gewürfelt
1 Scheibe Weißbrot
1/2 Tasse Fleischbrühe
1 großes Glas Rotwein
2 EL Weinessig
1 gehäufter EL Senf
1 Prise Zimt
1 Zweiglein Thymian
1 Lorbeerblatt
Salz
Pfeffer
1 EL Puderzucker
(oder 2 Stück Zucker)

Die Speckwürfel in der Pfanne auslassen.
Die kleinen Zwiebeln dazugeben; glasig und goldgelb braten.
Das Brot rösten, zerkleinern und in dem Wein und dem Essig einweichen.
Mit Zimt, Senf, Zucker, Thymian und dem zerkleinerten Lorbeerblatt vermischen.
Zu den Zwiebeln und dem Speck in die Pfanne geben.
Die Mischung bei schwacher Hitze ziehen lassen; der Senf darf nicht kochen.
Diese Sauce paßt ausgezeichnet zu gebratenem Geflügel oder zu Wild (vor allem zu Rebhühnern).
Sie kann sowohl mit dem Bratensaft vermischt als auch getrennt gereicht werden.

GEWÜRZMISCHUNG DES HERZOGS

Pouldre de duc

POUDRE DE DUC

Prenez un quarteron de trés fine canelle triée à la dent, et demy quarteron de fleur de canelle fine, une once de gingembre de mesche trié fin blanc et une once de graine de paradis, un sizain de noix muguettes et de garingal ensemble, et faites tout battre ensemble...

... Pour une quarte ou un quarteron d'ypocras à la mesure de Béziers, Carcassonne, ou Montpellier, prenez cinq drames de canelle fine triée et mondée, gingembre blanc trié et paré, trois drames : de giroffle, graine, macis, garingal, noix muguettes, espic nardy, de tout ensemble une drame et un quart : du premier le plus et des autres en dévalant moins et moins. Soit faicte pouldre...

... Et nota que la pouldre et le succre meslés ensemble, font « pouldre de duc ».

Ménagier de Paris

Zutaten

30 g Zimt
15 g gemahlener Ingwer
15 g Kardamomkörner, zerstoßen
10 g gemahlene Muskatnuß oder Macis (Muskatblüte)
6 Gewürznelken
60 g Puderzucker

Die Gewürze und den Zucker in ein fest schließendes Gefäß geben und gründlich schütteln, damit sich alles gut miteinander vermischt.
Nicht zu große Mengen auf einmal zubereiten, da die Gewürze leicht ihr Aroma verlieren.

Pouldre fine

POUDRE FINE

Prenez gingembre blanc (une once et une drachme?), canelle triée, (un quarteron?), giroffle et graine, de chascun demi quart d'once et de succre en pierre (un quarteron?) et faictes pouldre.

Ménagier de Paris

N.B. : Les points d'interrogation qui suivent les quantités de canelle, gingembre et sucre existent dans le texte original et sont un exemple de l'incertitude quant aux proportions dans les recettes du Moyen Age.

Zutaten

35 g gemahlener Ingwer
125 g Zimt
5 g Gewürznelken
5 g Kardamomkörner
125 g Kandiszucker
oder brauner Zucker

Die Zutaten miteinander vermischen und fein zermahlen.
In einem fest schließenden Gefäß aufbewahren, um das Aroma zu erhalten.
Sie können jeweils eine kleine Menge von der Gewürzmischung in einen Salzstreuer füllen, damit Sie sie beim Kochen gleich verfügbar haben.

SALZIGE MANDELMILCH

Laict d'amandes

LAIT D'AMANDES SALÉ

Pourboulez et pelez vos amandes, puis les mettez en eaue froide, puis les broyez et destrempez de l'eaue où les oignons auront cuit et coulez par une estamine : puis frisiez les oignons, et mettez dedans un petit de sel, et faites boulir sur le feu, puis mettez les souppes. Et se vous faites lait d'amandes pour malades, n'y mettez aucuns oignons, et ou lieu de l'eaue d'oignons pour destremper les amandes et dont dessus est parlé, mettez -y et les destrempez d'eaue tiède nette et faites boulir, et n'y mettez point de sel, mais succre foison. Et se vous en voulez faire pour boire si le coulez à l'estamine ou par deux toiles, et succre foison au boire.

Ménagier de Paris

Zutaten
für 4–6 Personen

1 große Scheibe Weißbrot
oder Schweizerbrot
100 g feingemahlene
Mandeln
1/2 l Wasser
2 mittelgroße Zwiebeln
Salz

Die Zwiebeln in sehr feine Ringe schneiden. In etwas kochendem gesalzenen Wasser garen, bis sie weich sind.
Die gemahlenen Mandeln und das zerkleinerte Brot kurz vor Ende der Garzeit zu den Zwiebeln geben. Etwa 10 Minuten unter ständigem Rühren köcheln lassen.
Die Mischung im Mixer pürieren und durch ein Haarsieb streichen.

Wenn Sie der Mandelmilch etwas Farbe geben wollen, können Sie eine Prise Safran hinzufügen, wie man das im Mittelalter häufig tat.

SÜSSE MANDELMILCH

Laict damandes

LAIT D'AMANDES SUCRÉ

Pour faire laict damandes ayes de belles amandes qui ayent este trempees ung jour et une nuit quelles se puissent plumer sans chauffer / ce faict broyez les au mortier avecques la mye de pain blanc rostis et la detrempe de belle eaue boullue. Ce faict passes par lestamine et boutes en ung pot et faictes boullir et le passez et y boutes du sucre.

Livre fort excellent de cuisine

Zutaten
für 4–6 Personen

1 Scheibe Weißbrot
125 g gemahlene Mandeln
1 EL Orangenwasser
1/4 l Milch oder Wasser
2 EL Zucker
1 Prise Salz

Das Weißbrot rösten und zerkleinern. Zusammen mit den übrigen Zutaten in einen Topf geben und 5 Minuten unter Rühren köcheln lassen. Im Mixer pürieren und durch ein Haarsieb streichen.

Sowohl die süße als auch die salzige Mandelmilch erscheinen in vielen mittelalterlichen Rezepten. Sie wurden in der Fastenzeit in allen Gerichten anstelle von Fleischbrühe verwendet.

Zucker wurde wegen seines hohen Preises mehr in der Heilkunde als in der Küche verwendet.

SALBEIWEIN

VIN AROMATISÉ À LA SAUGE

Vt uinum saluiatum atque rosatum, sic conficitur : accipe saluie libras tres, et bene desiccate, uini boni et odoriferi modios tres, et saluia bene desicata cum sextaro uno illius uini, bene fricando inter manus, commisceatur et dimittatur in uase ligneo per spatium unius noctis; mane uero, ponatur in dolio, et dimittatur donec clarificetur. Idem dico de rosis faciendis; et maxime tempore uindemiarum.

Tractatus

Zutaten

1 l guter Weißwein
oder Rotwein
10 g getrockneter Salbei

Die Salbeiblätter zwischen den Händen sehr fein zerreiben. Mit einem Drittel des Weins übergießen und 12 Stunden darin ziehen lassen. Öfters umrühren, damit der Salbei sein Aroma entfaltet. Durch einen Filter geben und mit dem restlichen Wein vermischen.
Das Originalrezept schreibt übrigens 3 Pfund Salbeiblätter auf 30 Liter Wein vor!

Dieser Salbeiwein ist eher herb und sollte nach einem besonders süßen Dessert wie zum Beispiel kandierten Früchten oder Honignüssen gereicht werden.
Ich würde Ihnen vorschlagen, dem Wein 200 g aufgelösten Honig zuzusetzen, um den Geschmack zu mildern.

ROSENWEIN

Zutaten

1 l Wein
200 g getrocknete
Blütenblätter von Rosen

Die Blütenblätter besonders stark duftender Rosensorten werden im Herbst getrocknet.
Die Blütenblätter zerreiben, mit einem Drittel des Weins übergießen und mindestens 12 Stunden darin ziehen lassen.
Durch einen Filter geben und mit dem restlichen Wein vermischen.

BROMBEER- ODER MAULBEERWEIN

Moretum

VIN DOUX DE MÛRES

Moretum hoc modo fit : recipe tres sextarios uel quattuor de moris celsi aut rubi, et sextarium unum mellis despumati, et sextarium unum yini nigri; tamen sine uino magis ualet ac diutius seruari poterit. Que, collata ut melius scis et insimul commixta, in tunellam pone in primo anno; bonum est in secundo anno, melius tertio et quarto.

Tractatus

Zutaten

3–4 kg Brombeeren
oder Maulbeeren
1 l Rotwein
1 kg Honig

Die Brombeeren oder Maulbeeren mit 1 Liter Rotwein übergießen und 2 Tage darin ziehen lassen.
Die Früchte in dem Wein zerdrücken, durch ein Sieb passieren und mit dem Honig vermischen.
Gründlich verrühren und in einen Topf geben.
Langsam zum Kochen bringen und abschäumen.
Nicht länger als 15 Minuten kochen lassen.
Abkühlen lassen, durch einen Filter geben und in Flaschen abfüllen.
Das Originalrezept erwähnt das Aufkochen nicht, rät aber, den Honig zu klären. Laut ›Tractatus‹ wird der Brombeer- oder Maulbeerwein in ein Faß gefüllt. Er soll nach zwei Jahren schon gut, nach drei bis vier Jahren noch besser schmecken.

Ohne Wein wird aus den gleichen Zutaten Sirup:
3 kg Brombeeren oder Maulbeeren in 3 dl Wasser langsam zum Kochen bringen. Kochen lassen, bis die Früchte weich sind. Durch ein Sieb passieren und gut ausdrücken.
Jeden Liter des so gewonnenen Saftes mit 500 Gramm Honig (oder 750 g Zucker) süßen. Nochmals 30 Minuten kochen lassen, abkühlen lassen und in kleine Flaschen füllen.

ROTWEIN MIT GEWÜRZEN

Ypocras

HYPOCRAS

Pour faire ung lot de bon ypocras prenés une onches de cinamonde nommée longue canelle en pippe, avec une cloche de gingembre et autant de garingal, bien estampé ensemble, et puis prenés ung livre de bon çuquere : et tout cela broyés ensamble et destrempés avec ung lot du milleur vin de Beaune que pourés finer et le laissir tremper ungne heure ou deux. Et puis le coullés parmy une chause par plusieurs fois tant qui soit bien cler.

Ménagier de Paris

Zutaten

1 Flasche roter Burgunder
30 g Zimtstangen
60 g Ingwerwurzel
2 EL Rosenwasser
(man rechnet 1 Tropfen
Rosenöl auf 1/4 l
Wasser)
400 g Zucker

Den Wein mit dem Rosenwasser vermischen.
Die Gewürze fein zermahlen (oder bereits gemahlene verwenden, dann aber jeweils 5–10 g mehr nehmen).
In ein sauberes Tuch geben, dieses zusammenknoten und mindestens 3 Stunden in dem Wein mit dem Rosenwasser ziehen lassen.
Mehrmals durch einen Filter passieren, bis die Flüssigkeit klar bleibt.

Der Autor des ›Viandier de Taillevent‹, das ebenfalls ein Rezept für ›Hypocras‹ enthält, fügt noch 8 feingemahlene Gewürznelken und die feingemahlenen Körner von 8 Kardamomschoten hinzu.

Dieser aromatische Dessertwein wurde nur im Winter getrunken.

WEISSWEIN MIT GEWÜRZEN

Clairé

CLAIRET

Pour faire une pinte de clairé, il faut demye chopine de myel, et sur et le faire bien cuyre avecques le vin, et qui soit escumé, et une once de pouldre fine qui soit passé, qui veult, comme ypocras.

Viandier de Taillevent

Zutaten

1 l guter Weißwein
500 g Honig
10 g gemahlener Zimt
oder Zimtstange
50 g Ingwerwurzel
oder
20 g gemahlener Ingwer
3 EL Rosenwasser
(man rechnet 1 Tropfen
Rosenöl auf 1/4 l
Wasser)
2 zerstoßene Gewürznelken
zerstoßene Kardamomkörner von 8 Schoten

Die Gewürze fein zermahlen, in ein Tuch geben und dieses zuknoten. Den Wein, den Honig und die Gewürze zusammen in einen Topf geben und 2–3mal aufkochen lassen. Wenn nötig abschäumen. Zugedeckt abkühlen lassen.
Den Wein durch ein Sieb passieren und dabei das Tuch mit den Gewürzen gut ausdrücken.
In Flaschen füllen. Das Getränk hält sich im Keller 1–2 Jahre.

Dieser Weißwein ist wie der Rotwein mit Gewürzen (Seite 207) als Dessertwein geeignet, zumal der Ingwer verdauungsfördernd wirkt.

GEWÜRZTER ROSÉWEIN

Zutaten

1 Flasche Roséwein
200 g Honig
200 g Zucker
4 zerstoßene Gewürznelken
3 EL Rosenwasser
(man rechnet 1 Tropfen
Rosenöl auf 1/4 l
Wasser)
60 g frischer Ingwer
oder
3 TL gemahlener Ingwer
30 g Zimtstangen
oder
3 TL gemahlener Zimt

Die zerstoßenen Gewürze in ein dichtgewebtes Tuch geben und dieses fest zuknoten, damit der Wein nicht trüb wird. Das Tuch mit den Gewürzen, das Rosenwasser, den Honig, den Zucker und den Wein in einen Topf geben.

Bei schwacher Hitze langsam zum Kochen bringen, dabei ständig rühren, damit Zucker und Honig sich auflösen.

Einmal aufkochen lassen und wenn nötig abschäumen.

Abkühlen lassen, das Tuch mit den Gewürzen erst nach dem Erkalten herausnehmen und gut ausdrücken.

Sicherheitshalber die Flüssigkeit nochmals durch einen Filter geben.

Dieses Getränk ist weniger kalorienreich als der gewürzte Rotwein und schneller zuzubereiten.

HONIGTRUNK

Bochet

BOISSON AU MIEL

Pour faire six sextiers de bochet, prenez six pintes de miel bien doulx, et le mettez en une chaudière sur le feu et le faites boulir, et remuez si longuement que il laisse à soy croistre et que vous véez qu'il gette bouillon aussi comme petites orines qui se creveront, et au crever getteront un petit de fumée aussi comme noire : et lors faites le mouvoir, et lors mettez six sextiers d'eaue et les faites tant boulir qu'ils reviengnent à six sextiers, et tousjours mouvoir. Et lors le mettez en un cuvier pour refroidier jusques à tant qu'il soit ainsi comme tiède; et lors le coulez en un sas, et après le mettez en un tonnel et y mettez une chopine de leveçon de cervoise, car c'est ce qui le fait piquant, (et qui y mettroit levain de pain, autant vauldroit pour la saveur, mais la couleur en serait plus fade,) et couvrez bien et chaudement pour parer. Et se vous le voulez faire très bon, si y mettez une once de gingembre, de poivre long, graine de paradis et cloux de giroffle autant de l'un que de l'autre, excepté des cloux de giroffle dont il y aura de moins, et les mettez en un sachet de toile et les mettez dedans. Et quand il y aura esté deux ou trois jours et le bochet sentira assez les épices et il piquera assez, si ostez le sachet et l'espraignez et le mettez en l'autre baril que vous ferez. Et ainsi vous servira bien celle pouldre jusques à trois ou quatre fois.

Autre bochet de quatre ans de garde. Mettez les trois pars d'eaue et la quatrième de miel et faites boulir et escumer tant qu'il déchée du dixième.....

Nota que de l'escume qui en est ostée, prenez pour chascun pot d'icelle douze pos d'eaue, et boulez ensemble, et ce sera bon bochet pour les mesgnies (domestiques).

Ménagier de Paris

Zutaten
(ergibt 2 l)

1,2 kg Honig
(kein Akazienhonig)
2 1/2 l Wasser
2 TL frische Bierhefe
1/2 TL gemahlener Ingwer

In einem Topf aus Email oder Aluminium (keinesfalls aus Kupfer oder Eisen) den Honig schmelzen lassen, zum Kochen bringen und wenn nötig abschäumen.

Das heiße Wasser hinzufügen, mit dem Honig verrühren und die Mischung um ein Viertel ihrer ursprünglichen Menge einkochen lassen.

In eine große Schüssel oder ein verschließbares

1/2 TL Piment
1/2 TL gemahlener
Kardamom
4 zerstoßene Gewürznelken

Glasgefäß füllen und etwas abkühlen lassen. Wenn die Flüssigkeit nur noch lauwarm ist, die Hefe hinzufügen und gründlich verrühren.

Die Gewürze in ein feingewebtes Tuch geben, dieses zuknoten und in die Flüssigkeit tauchen.

Das Gefäß (nicht zu fest) verschließen oder mit einem Tuch bedecken.

Bei Zimmertemperatur oder auf einem lauwarmen Heizkörper 2–3 Tage gären lassen.

Wenn das Gefäß zu drei Vierteln gefüllt ist, eine Schüssel oder einen tiefen Teller darunterstellen – es könnte überlaufen.

Nach 2–3 Tagen den Wein durch einen Filter geben und in Flaschen oder, wenn Sie ihn gleich trinken wollen, in eine Karaffe füllen.

Kuriose Gerichte

In diesem Kapitel sind Rezepte zusammengefaßt, die wir aus verschiedenen Gründen kaum nacharbeiten würden: weil sie von unseren Eßgewohnheiten und hygienischen Vorstellungen allzusehr abweichen; weil sie eine Prachtentfalltung bei der Präsentation der Speisen erfordern, die uns heute weder durchführbar noch sinnvoll erscheint; vor allem aber, weil sie unter dem Aspekt des Tierschutzes abzulehnen sind.

Aber sie sind amüsant zu lesen!

SCHWAN, PFAU, STORCH, REIHER ODER KRANICH AM SPIESS

Cine - Paon - Ogoingnes - Héron

CYGNE - PAON - CIGOGNE - HÉRON - GRUE À LA BROCHE

Cine. Plumés aussi comme une oe, eschaudes et arsonnés, et cuisies à tous les piés; qui veult soit doré; et au cuer soit fendu jusques aux épaules, et mengiés au poivre jaunet.

Paon. Seignier auxi comme le cine, lessiés la teste, et la queue, lardés et arsonnés, et dorés; mengiés au sel menu.

Ogoingnes. Soient plumées comme une oe, lessiés les piés et la teste. Soient arsonnée et enflambée très bien; au sel menu.

Héron. Soit seingné et fendu jusques aux espaules, puis arssonné et enflambé très bien et doré, et laissiés les piés et la teste; et mengiés au sel menu.

Viandier de Taillevent

Storch, Schwan, Reiher und Kranich sind heute geschützte Vogelarten; es ist auch recht unwahrscheinlich, daß der Besitzer einer Voliere Ihnen einen Pfau anbieten wird ...

Schwan

Den Schwan wie eine Gans rupfen. Mit heißem Wasser überbrühen, zusammenbinden, ohne die Füße zu entfernen auf den Spieß stecken und braten.
Wenn der Vogel gar ist, wird er mit Blattgold belegt. Bis zu den Schulterblättern aufschneiden, zerteilen und würzen.

Pfau

Wie den Schwan vorbereiten, Kopf und Schwanz daranlassen, mit Speck umwickeln und am Spieß braten.
Mit Blattgold belegen und mit Salz würzen.

Storch

Wie eine Gans rupfen, Kopf und Füße daranlassen. Absengen und am Spieß braten. Mit Salz würzen. Das gleiche Rezept gilt auch für Reiher und Kranich.

TÜMMLER- ODER WALRAGOUT

Marsouin en potaige

RAGOÛT DE MARSOUIN OU DE BALEINE

Le dict marsouin se peult aussi bouter en paste et il est fort bon / le dict marsouin se peut bouter en potaige. Prenez ledict marsouin par petites pieces boutes en ung pot avec purée de poys et le factes boullir ung boullon. Ce fait ayes de bons nouveaux porreaux cuictz en bon boullon lesquelz bouteras en ton pot avec ton marsouin tu auras du pain hasle sur le fril bien noir sans bruller que tu feras tremper en vin vermeil puis passer le tout par lestamine et bouter en ton pot. Pour espices muscades cloud batu gingembre navelle et menues espices troys ou quatre ongnons bien cuitz et passer par lestamine et bouter en ton dict pot et goutter de sel. Et faire tout boullir ensemble et est fort bon en cette maniere il se peut aussi saller et faire cuyre puis bouter aulx poys passes et est fort bonne. Et pareillement la baleine.

Livre fort excellent de cuisine

Der mittelalterl. Text lautet etwa folgendermaßen: Aus dem Tümmler kann man eine Pastete zubereiten, die sehr gut schmeckt. Oder man macht ein Ragout daraus:

Das Fleisch in kleine Stücke schneiden, mit Erbsenpüree zusammen in einen Kessel geben und aufkochen lassen.

Geröstete und in Rotwein eingeweichte Weißbrotscheiben hinzufügen.

Geriebene Muskatnuß, zerstoßene Gewürznelken, frischen geriebenen Ingwer, Thymian, Lorbeer und gekochte Zwiebeln dazugeben und salzen.

Alles zusammen garen lassen.

Oder Sie servieren bereits gekochten Tümmler im Stück in Erbsenpüree.

Das gleiche Rezept gilt für Walfisch.

PFAU IM FEDERKLEID

Pan revestu

PAON REVÊTU

Il faut escorcher pan et se garder de rompre sa peau et le faire revenir en eau chaulde boullante lardé de cloud de giroffle et lard puis le faire rostir / enveloppez les pieds en cuysant et quand seront cuictz, arrosez les de vinaigre, pouldre comme sel et quand seront froytz mettez les sur ung tranchoir de bois, une broche fendue qui le soustiendra par l'estomac et le revestez de peau en sorte comme s'il était en vie et fault prendre lard, brochette et tranchoir. Et fault attacher le col et queue de fil darchet et luy faire la roue comme s'il estait en vie. Et luy pourres faire iecter feu par la gueulle.

Livre fort excellent de cuisine

Den Pfau ungerupft enthäuten, ohne die Haut zu verletzen (wahrscheinlich blies man durch einen Einschnitt an der Bauchseite mit einem hohlen Federkiel Luft unter die Haut und löste sie so ab). Den enthäuteten Pfau mit kochendem Wasser überbrühen. Mit Gewürznelken spicken, mit Speck umwickeln und am Spieß braten. Dabei die Füße schützen, damit sie nicht verbrennen. Wenn der Vogel gar ist, den Speck entfernen, mit Essig übergießen und mit gemahlenen Gewürzen und Salz einreiben. Sobald er abgekühlt ist, den Pfau aufrecht auf ein gegabeltes Holzstück spießen, das aus einer Holzplatte aufragt, und wieder mit Haut und Federkleid überziehen, so daß er wie lebendig aussieht. Hals und Schwanz mit einer dünnen, festen Schnur so befestigen, daß er ein Rad schlägt. Wenn Sie möchten, daß der Pfau aus dem Hals Feuer speit, stecken Sie ihm einen kleinen eisernen Spieß in den Schnabel, an dessen Ende ein Stück Hanf befestigt ist: dieses wird beim Auftragen angezündet.

Salz war nicht nur zum Würzen, sondern auch zum Konservieren von Lebensmitteln unentbehrlich. Im 14. Jahrhundert wurde der Salzhandel vom Staat mit einem Monopol belegt, und jeder Familienvater war verpflichtet, alljährlich eine bestimmte Menge abzunehmen.

GESALZENER WALFISCH

Craspois

BALEINE SALÉE

C'est balaine salée et doit estre par leschestout cru, et cuit en eaue comme lart; et servir avec vos pois.

Ménagier de Paris

Das gesalzene Walfischfleisch in kleine Stücke schneiden.

In Wasser garkochen und mit Erbsengemüse servieren.

Das Walfischfleisch wurde in der Fastenzeit verkauft. Es war tatsächlich ein Akt der Buße, davon zu essen.

SCHWAN IN DER RÜSTUNG
Cigne revestu
CYGNE REVÊTU

Cigne revestu en sa pel et toute sa plume. Prenez-la et l'enflez par entre les espaules, et le fendez au long du ventre : puis ostez la pel à tout le col couppé emprès les épaules, tenant au corps les piés; puis mettre en broche, et l'arçonnez et dorez. Et quant il sera cuit, soit revestu en sa pel, et que le col soit bien droit ou planc; et soit mengié au poivre jaunet.

Le Grand Cuisinier donne une recette bien plus détaillée d'un cygne ainsi apprêté :

Prenez un cigne, et l'appareillez et le mettez rostir tant qu'il soit tout cuit, puis faictes de la paste aux œufs aussi claire que papel, et la coulez dessus ledict cigne en tournant en la broche tant que la paste se puisse cuire dessus, et gardez qu'il n'y ait rien rompu ne aisles ne cuisses, et mettez le col du cigne ainsi comme s'il nageoit en eau, et pour le faire tenir en ce poinct, il faut mettre une brochette en la teste qui vienne respondre entre les deux aisles, passant tout outre, tant qu'elle tienne le col ferme, et une autre broche au dessoulz des aisles, et une autre parmy les cuisses, et une autre au plus près des pates et à chacun pied trois pour estendre les pieds; et quand il sera bien cuit et biendoré de paste, tirez hors les broches excepté celle du col, puis faictes une terrasse de paste bise, qui soit espoisse et forte, et qu'elle soit d'un pouce d'espaisseur, faicte à beaux carneaux tout autour, et qu'elle soit de deux pieds de long, et d'un pied et demy de large, ou un peu plus, puis la faictes cuire sans bouillir, et la faictes peindre en verd comme un pré herbu, et faictes dorer votre cigne de peau d'argent, excepté environ deux doigts près du col, lequel faut dorer et le bec et les pieds, puis ayez un manteau volant, qui soit de sandal vermeil par dedans, et dessus ledict manteau armoyez de telles armes que vous voudrez, et autour du cigne hait banières, les bastons de deux pieds et demy de long à banières de sandal, armoyez de telles armes que dessus et mettez tout en plat de la façon de la terrasse, et le présentez à qui vous voudrez.

Ménagier de Paris

Hier werden zwei verschiedene Arten beschrieben, einen Schwan möglichst festlich zu präsentieren.

1. Der Schwan wird nach derselben Methode wie der Pfau auf Seite 217 ungerupft enthäutet, ohne

die Haut zu verletzen. Dann wird er gebraten, anschließend wieder mit seinem Federkleid bedeckt und in möglichst lebensechter Pose serviert.

2. Der gebratene Schwan wird mit einer silbernen Rüstung bekleidet, nur Hals, Schnabel und Füße werden vergoldet. Durch eine komplizierte und äußerst minuziös beschriebene Konstruktion aus zahlreichen Drähten und Spießen erweckt er den Anschein, als schwimme er.
Dann wird der stolze Vogel auf einen festen, grün gefärbten Teigsockel gesetzt und erhält einen Mantel aus geschnitztem Sandelholz, der wie im Winde flatternd auseinanderklafft, innen rot gefärbt und außen mit Wappen geschmückt ist. Die gleichen Wappen zieren auch die aus Sandelholz geschnitzten Banner, die den Schwan umgeben.

SCHILDKRÖTE MIT JOHANNISBEEREN

Tortues

TORTUES FRITES AUX GROSEILLES

Tortuz leur faust coupper sa teste oustre er les fault laisser mortifier d'ung jour en ung four. Puis les faire cuyre avec les cuysses dans ung pot de terre et sel passé de deufs ou trois heures et si sint des dures elles veullent plus cuyre si se sont des jeunes trois heures. Puis quant elles seront cuytes tires les et les mettes dans eaue froide ostes les creuses et peaulx entaillee reserve le foye et les œufz et plumez les iambes et piedz et puis si les mettes par pieces ensemble œufs et foyes et ostes lamer et frises en saing de lart ou beurre selon le iou avec groiselles on aigretz, puis pouldre blanche par dessus et menges avec lorange.

Aulcuns prennant ung poyeux d'œuf et ung peu de verius boullon et mettes dans en fricassant avec groiselles ou aigretz et en peult on faire estuver dedans ung petit pot comme de pigeons aussi habilles grenolles quand elle seront escorchees frittes ou estuvees, aussi escargotz tires hors des creuses et veulent fort cuyre avec force sel.

Livre fort excellent de cuisine

Den Schildkröten den Kopf abschneiden und sie einen Tag lang im Backofen austrocknen lassen. Mitsamt dem Panzer in einem irdenen Topf mit Salz garen; junge Tiere brauchen 2–3 Stunden, ältere entsprechend länger. Anschließend in kaltes Wasser tauchen, das Innere aus dem Panzer lösen, die Eier und die Leber herausnehmen (dabei die Gallenblase nicht verletzen). Die Füße enthäuten. Alles in kleine Stücke schneiden. In Schmalz oder Speck mit Johannisbeeren oder grünen Trauben schmoren. Mit gemahlenen Gewürzen abschmecken und mit Orangen servieren.

Man kann das Schildkrötenfleisch auch in etwas Fleischbrühe, vermischt mit einem Eigelb und dem Saft einer Zitrone, sowie mit Johannisbeeren oder grünen Trauben in einem Schmortopf garen wie Tauben. Auch kann man gebratene oder geschmorte, kräftig gesalzene Frösche und Schnecken ohne Gehäuse hinzufügen.

FLEISCHPASTETE MIT BANNER

Tourtes parmériennes

TOURTE PARMÉRIENNE

Prenez chair de mouton, ou de veau, ou de porc, et la hachiez competemment; puis fault avoir de la poulaille, et faire boullir, et despecier par quartiers, et fault cuire le dit grain avant qu'il soit hachié, et puis avoir poudre fine et l'en espicier trés raisonnablement, et frire son grain en sain de lart, et, aprés, avoir de grains pastez découvers, et qu'ils soient plus hault dreciez de paste que autres pastez et de la grandeur de petitz platz, et faictz en manière de creneaulx, et qu'ilz soient fortz de paste affin qu'ils puissent porter le grain; et, qui veult, on y met du pignolet et du roisin de Corinde meslez parmy le grain, et du succre esmié par dessus, et mettre en chascun pasté iii ou iiii quartiers de poullaille pour fichier les bannieres de France et des seigneurs qui seront en la présence, et les dorer de saffren déffait pour estre plus beaulx.

Et qui ne veult pas tant despendre de poullaille, ne fault que faire des pièces plates de porc ou de mouston rosty ou boully. Et quant ilz sont remplis de leur grain, les fault dorer, par dessus le grain, d'un petit d'œufz bastuz ensemble, moyeux et aubuns, affin que le grain se tiengne plus ferme pour mettre les banieres dedans. Et convient avoir du fueil d'or ou d'argent ou du fueil d'estain pour les dorer avant les banières.

Viandier de Taillevent

Zutaten
für 4 Personen

200 g Mürbeteig
(siehe Seite 168)
400–500 g Fleischreste:
Huhn, Kalb, Schwein,
Rind oder Schinken
75 g Rosinen
50 g Pinienkerne
1 TL Puderzucker
2 Eier, Salz, Pfeffer
evtl. 1 EL Crème fraîche
Gewürzmischung
(siehe Seite 199)

Diese Pastete wurde auf das prächtigste mit Gold, Silber oder Zinn überzogen und mit Bannern geschmückt, die das Familienwappen der jeweiligen Gäste trugen.

Eine Tortenform mit dem ausgerollten Mürbeteig auslegen und bei mittlerer Hitze im Backofen vorbacken.

Die Fleischreste grob hacken und in einer Schüssel mit den Gewürzen, Salz und Pfeffer, den Rosinen, den Pinienkernen, den verquirlten Eiern und der Crème fraîche vermischen.

Die Mischung auf dem vorgebackenen Teigboden verteilen. Nochmals ca. 20 Minuten backen, bis der Belag gar und der Teig goldbraun ist.

SPATZEN- ODER WACHTELPASTETEN

PINSONS
PÂTÉ DE CAILLES OU DE GRIVES

Pinsons concassees piedz aelles testes pouldre de menue espices sel puis pouldres vostre croste apres mettez vos pinsons dedans piedz aelles testes et pouldroyees de vostre pouldre par dessus il faut qu'il soit doulx d'espice et de sel par dessus lard gras menu hasche / groiselles.

/   Livre fort excellent de cuisine

Zutaten
für 4 kleine Pasteten

100 g Mürbeteig
(siehe Seite 168)
4 Wachteln
das gleiche Gewicht
an Fleischbrät
4 Streifen fetter Speck
Salz
Pfeffer
Gewürzmischung
(siehe Seite 199)

Natürlich essen wir keine Spatzen – doch theoretisch könnte man dieses Pastetenrezept mit Wachteln nachvollziehen.

Füße und Köpfe der vorbereiteten Wachteln abschneiden und beiseite legen.
Den Mürbeteig in 4 Teile teilen und diese ausrollen.
4 hohe Auflauf- oder Tortenförmchen mit den Teigblättern auslegen.
In jede Form ein Viertel des mit Gewürzen abgeschmeckten Fleischbräts füllen. Die Wachteln hineindrücken und (falls Sie das mittelalterliche Rezept vollends nachvollziehen wollen) Kopf und Füße so herausschauen lassen, als seien sie nicht abgetrennt worden. Die Speckstreifen darüberlegen.
Im heißen Backofen in etwa 35 Minuten garbacken.

PASTETE MIT LEBENDEN SINGVÖGELN

PÂTÉ D'OISEAUX VIVANTS

II. - 29. De pastilloauium uiuarum. Pastillum siue copum de auibusuiuis sic compone : primo, forma copum de pasta et imple de furfure. Et, eo cooperto pone ad coquendum. Et cum decoctum fuerit et ualde infrigidatum, perfora ipsum subtiliter subtus et inde extrahe furfur et intus pone aliqua folia arborum et diuersas auiculas uiuas. Postea, reponas subtiliter frustrum panis que de foramine remouisti. Et caue quod fecerisaliqua parue foramina desuper, nec auiculo ex defectu aeris suffocentur.

Postea, pone dictum pastillum coram aliquibus dominis, si eos pro ludo trufare uolueris; et quando ipsi aperient pastillum, aues predicte de pastillouolabunt.

Liber de Coquina

Diese ungewöhnliche Pastete setzte man auserwählten Gästen vor, die man zu überraschen gedachte.

Die Form, in der die Pastete gebacken wird, sollte so tief sein, daß eine Art Schüssel aus dem Teig entsteht.
Die Form mit dem Teig auslegen, mit Trockenerbsen zum Blindbacken füllen, einen Teigdeckel darübergeben und backen.
Abkühlen lassen, vorsichtig aus der Form lösen und die Erbsen entfernen.
Die Teigform mit frischem Grün und Blättern auslegen und mit lebenden Singvögeln füllen (nichts einfacher als das ...).
In den Teigdeckel ein kleines Loch zum Füttern der Vögel und mehrere Luftlöcher anbringen, wieder auf die Form setzen und servieren.

RAGOUT VON HIRSCH- ODER REHBOCKHODEN

Brouet de daintiers de cerf
et cervoisons

RAGOÛT DE TESTICULES DE CERFS ET DE DAGUETS

Premièrement, fault très bien eschauder et laver en eau boullant les deintiers de cerf, et bien cuits, puis reffroidis et, aprés tailliez par morceaux quarrez, ne trop gros, ne trop menuz, et les frire en sain de lart, et mettre en la paelle mêsmes du boullon de beuf, et y mettre du persil effueillé, et de la poudre fine competemment, qu'il ne soit pas trop fort d'éspices. Et, pour leur donner liqueur, fault avoir ung petit de cameline ou prendre ung foye ou deux de poulaille et ung petit de pain blanc, et les couller, et mettre en son pot, en lieu de cameline, et y gecter ung pou de vinaigre, et deffaire ses espices de vin et de vertjus, les deux partz vertjus et le tiers vin, ou, en lieu de verjus, groiselles; et le saller competemment.

Viandier de Taillevent

Die Hirsch- oder Rehbockhoden werden gewaschen, gekocht, in Würfel geschnitten und in Schweineschmalz gebraten. Sodann werden nach und nach Rinderbrühe, gehackte Petersilie, Gewürze, Geflügelleber, Brot, Weinessig und schließlich Wein und Traubensaft bzw. Johannisbeeren hinzugefügt und das ganze kräftig mit Salz gewürzt.

Theoretisch ist dieses Rezept nicht undurchführbar, allerdings dürfte die Hauptzutat schwer zu beschaffen sein.

HAHN IN DER RÜSTUNG

Coqz heaumez

COQ EN ARMURE

Mettez cochons rostir et poulaille comme coqz et vielles poulles; et, quant le cochon sera rosty d'une part et la poulaille d'autre, convient farsir la poulaille, sans escorcher, qui veult, et la convient farsir de paste batue aux œuf, et quant elle est dorée, la convient mettre à chevauchons sur le cochon, et fault ung heaume de papier collé et une lance fichié à la poitrine de ladicte poulaille, et les fault couvrir de fueil d'or ou d'argent, pour les seigneurs, ou de feul d'estain blanc, vermeil ou vert.

Viandier de Taillevent

Es geht ganz einfach darum, einen gekochten oder gebratenen Hahn als Ritter mit Helm und Lanze aus Blattgold, Silber und Zinn zu präsentieren und ihn auf einem gebratenen Spanferkel reiten zu lassen. Auf einer besonders prächtigen Servierplatte auftragen!

Tricks und Kniffe

WASSER FÜR FINGERSCHALEN

Das Wasser für die Fingerschalen entweder mit Salbei oder Majoran oder Rosmarin oder Lorbeer aufkochen und anschließend abkühlen lassen.
Die ebenfalls empfohlene Kamille duftet auf den Händen weniger angenehm.

BLUTIGER BRATEN

Bestreuen Sie den Braten vor dem Auftragen mit etwas getrocknetem, pulverisiertem Hasenblut. Er erscheint dann beim Aufschneiden noch blutig.

DAS FÄRBEN VON BIRNEN

Wenn Sie im Winter Birnen kochen und ihnen eine rote Färbung geben wollen, fügen Sie dem Kochwasser Heu bei und verschließen Sie den Topf fest. Servieren Sie die Birnen mit in Rotwein gekochten und getrockneten Fenchelsamen oder mit zerkleinerten Zuckerplätzchen bestreut.

DAS WÜRZEN VON WURST

Würzen Sie die Wurstmasse reichlich mit getrockneten Fenchelsamen, Salz und Gewürzen.
Es dürfte allerdings nur noch wenige Hausfrauen geben, die für den Eigenbedarf schlachten und den Rat des ›Ménagier de Paris‹ zu schätzen wissen.

DAS GANZE JAHR FRISCHE ROSEN

Füllen Sie einen irdenen Krug mit frisch gepflückten Rosenknospen und bedekken Sie sie vollständig mit feinem Sand. Schließen Sie den Krug luftdicht ab und hängen Sie ihn an einem Strick in fließendes Wasser.
So haben Sie das ganze Jahr über frische Rosen als Tischschmuck.

HALTBARE WÜRSTE

Salz und Essig ziehen die Feuchtigkeit an, tragen also dazu bei, Würste zu trocknen und haltbar zu machen.

WIE MAN ANGEBRANNTES FLEISCH GENIESSBAR MACHT

Um den Geschmack von verbranntem Fleisch zu beseitigen, läßt man ein Dutzend Walnüsse, die vorher durchbohrt wurden, im Bratensaft mitschmoren.

WIE MAN BUTTER ENTSALZT

In einem Topf langsam die Butter zum Schmelzen bringen. Vorsichtig in ein anderes Gefäß umgießen und den Bodensatz, in dem sich das Salz angesammelt hat, zurücklassen. Abkühlen lassen.
Die salzige Butter am Boden des Topfes läßt sich noch zum Abschmecken von Speisen verwenden.
Einfacher ist die Methode, salzige Butter ausgiebig unter fließendem Wasser zu waschen und dabei gründlich durchzukneten.

WIE MAN VERSALZENE SUPPEN RETTET

Man nimmt ein weißes Tuch, legt es über den Topf mit der heißen versalzenen Suppe und wendet es häufig. Der Topf darf dabei nicht mehr auf dem Feuer stehen.

WIE MAN DAS ALTER EINES HASEN ERKENNT

Man erkennt das Alter eines Hasen an der Anzahl der Löcher unter dem Schwanz: soviele Jahre wie Löcher.
Da heißt es genau nachschauen ...

APHRODISIAKUM

Schalen von Flußkrebsen im Backofen bei schwacher Hitze trocknen lassen. Zu feinem Pulver zermahlen. Mit Wasser vermischen und durch ein Sieb streichen. Von neuem trocknen lassen. Nochmals zermahlen, bis ein sehr feines Pulver entsteht, das man unter die Speisen mischen kann.

Der letzte Satz des mittelalterlichen Rezepts, »et croy que ce serre« (»und ich glaube, daß es hilft«), erinnert daran, daß bei Rezepten dieser Art vor allem der Glaube hilft. Übrigens hat der Verfasser des ›Ménagier de Paris‹ in fortgeschrittenem Alter ein junges Mädchen von 15 Jahren geheiratet ...

Bildnachweis

S. 6: Histoire du roi Alexandre. Fol 21. Paris, musée du Petit Palais. Foto Bulloz.

S. 11: Boccaccio, Decamerone. XV. Jhdt. Ms. 5070, fol. 314. Paris, Bibliothèque de l'Arsenal. Foto B. N.

S. 13: Histoire du Grand Alexandre. Fol. 88. Paris, musée du Petit Palais. Foto Bulloz.

S. 17: Taciunum Sanitatis. Ms. lat. 9333, fol 61 v. Paris, Bibliothèque nationale. Foto B. N.

S. 18: Jean Cuba, Traité des Bêtes. Zweiter Band des Jardin de Santé. Paris, musée du Petit Palais. Foto Bulloz.

S. 21: Ibn Botlan, Tacuinum Sanitatis de sex rebus. Italien. Ms. 3054, fol. 31. Rouen, Bibliothèque municipale. Foto Lauros-Giraudon.

S. 31: Ibn Botlân, Tacuinum Sanitatis de sex rebus. Italien. Ms. 3054, fol. 24. Rouen, Bibliothèque municipale. Foto Lauros-Giraudon.

S. 25: Ibn Botlân, Tacuinum Sanitatis de sex rebus. Italien. Ms. 3054, fol. 10. Rouen, Bibliothèque municipale. Foto Lauros-Giraudon.

S. 43: Tacuinum Sanitatis. XV. Jhdt. Ms. 9333, fol. 64. Paris, Bibliothèque nationale. Foto B. N.

S. 61: Tacuinum Sanitatis. XV. Jhdt. Ms. 9333, fol 82. Paris, Bibliothèque nationale. Foto B. N.

S. 75: Tacuinum Sanitatis. XV. Jhdt. Ms. 9333, fol. 23. Paris, Bibliothèque nationale. Foto B. N.

S. 87: The romance of Alexander. England. XIV. Jhdt. Fol 170 v. Paris, Bibliothèque nationale. Foto Edimedia/Snark.

S. 92: Heures de la Tour et Taxis. XIV. Jhdt. Chantilly. musée Condé. Foto Giraudon.

S. 93: Maître Ermengaud de Béziers. Le Bréviaire d'amour. Frankreich, XIII. Jhdt. Codex provençal, fol. 59 v. Escurial, Bibliothèque royale. Foto Giraudon.

S. 97: Barthélémy l'Anglais, Livre de la propriété des choses. XV. Jhdt. Ms. Fr. 9140, fol. 361 v. Paris, Bibliothèque nationale. Foto B. N.

S. 133: Tacuinum Sanitatis. XV. Jhdt. Ms.lat.9333, fol. 51. Paris, Bibliothèque nationale. Foto B. N.

S. 118: Le Livre du roi Modus et de la reine Ratio. XIV. Jhdt. Chantilly, musée Condé. Foto Giraudon.

S. 39: Ibn Botlân. Tacuinum Sanitatis de sex rebus. Italien. Rouen, Bibliothèque nationale. Foto Giraudon.

S. 149: Tacuinum Sanitatis. XV. Jhdt. Ms.lat.9333, fol 43 v. Paris, Bibliothèque nationale. Foto B. N.

S. 161: Le Grand Herbier. Frankreich, XV. Jhdt. Ms. 5 9, fol. 111 . Modena, Biblioteca Estense. Foto Giraudon.

S. 167: Vincent de Beauvais, Le Miroir de la nature. XIII. Jhdt. Laôn, Bibliothèque municipale. Foto Giraudon.

S. 171 und S. 189: Le Viandier de Taillevent, maltre queux du roi notre Sire. Bibliothèque nationale

S. 203: Dioscorides, Tractabus de Herbis. Frankreich, XV. Jhdt. Ms.lat.993, fol. 142. Modena, Biblioteca Estense. Foto Giraudon.

S. 213: Histoire du Grand Alexandre. Fol. 86. Paris, musée du Petit Palais. Foto Bulloz.

Literatur

Marianne Mulon (Hg.):*Deux traites inedits d'art culinaire médiéval* (1. *Tractatus de modo preparandi et condiendi omnia cibaria;* 2. *Liber de Coquina*). Bulletin philologique et historique (1968), Paris 1971.

Livre fort excellent de cuisine tres utile et profitable contenant en soi la manière d'habiller toutes viandes avec la manière de servir les banquets et festins, le tout vu et corrigé outre la première impression par le Grand Écuyer de Cuysine du Roy. Édité chez Olivier Anoullet, Lyon 1542.

Viandier von Taillevent, dem Küchenmeister König Karls V. Taillevent, der mit richtigen Namen Guillaume Tirel hieß, wurde um 1310 geboren. Sein Traktat über die Küche, das zunächst nur als Handschrift existierte, wurde 1490 zum ersten Mal gedruckt und im Jahre 1865 von Douet d'Arcq im Rahmen der Bibliothèque de l'École des Chartes wieder aufgelegt. Der vollständige Titel lautet:
Ci après sensuyt le viandier pour appareiller toutes manières de viandes que Taillevent queulx du roi nostre sire fist tant pour abiller et appareiller boully, rosty, poissons de mer et d'eaue doulce, saulces, espices et autres choses à ce convenables et nécessaires comme cy après sera dit.

Le Ménagier de Paris. Wurde um das Jahr 1393 von einem Pariser Bürger verfaßt und 1847 von der Société des Bibliophiles françois, Paris, mit Anmerkungen von Jérôme Pichon wieder aufgelegt.

Constance B. Hieatt et Sharon Butler: Pain, vin et venaison. Editions de l'Aurore, Montreal 1977.

J. S. M. Young (Hg.): *Mary Chafin's original country recipes,* from a Dorset family cookery book of the XVIIth century (1979).

Sarah Garland: *Le Livre des herbes et des épices.* Nathan, 1980.

Georges et Germaine Blond: *Festins de tous les temps.* Fayard, 1976.

Henriette Pariente et Geneviève de Ternànt: *La fabuleuse histoire de la cuisine française* Éditions O. D. I. L., 1981.

Ali-Bab: *Gastronomie pratique.* Études culinaires. Flammarion, 1928.

Tante Marie: *Véritable Cuisine de famille.* Taride, 1921.

Jean-Francois Revel: *Un festin en paroles.* Histoire littéraire de la sensibilité gastronomique de l'antiquité à nos jours.E ditions Jean-Jacques Pauvert, 1979.

Register der Rezepte